한국사
족집게

한국사
족집게

구석기 시대부터 근현대사까지

정윤담 지음

짧은 시간에 학교 내신에 철저히 대비하고
한국사 자격증을 단기간에 취득할 수 있도록 족집게 강의 자료 제공

좋은땅

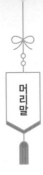

우리 모두가 숨을 쉬고 있는 이 순간에도 "역사는 흐른다."라는 말이 있습니다.

역사는 옛 조상들의 소중한 발자취이고 현재 우리는 주어진 삶 속에서 각자 저마다의 색깔로 의미 있는 역사를 만들어 가고 있으며 이러한 활동들을 토대로 미래의 역사를 위한 발판을 만들어 가는 연속된 과정이라고 생각합니다.

최근 이러한 역사의 중요성이 더욱 강화되고 있고 진학과 취업, 승진 등 모든 부분에서 한국사 능력 검정 자격증에 가산점이 부여되고 있으며 고등학교 과정에서는 한국사 과목이 필수과목으로 지정되어 있기도 합니다.

특히 공무원 시험을 준비하는 수험생들에게는 한국사 자격증이 꼭 필요하기에 많은 분들이 꾸준히 도전을 하고 있습니다.

저는 30여 년 동안 중·고등학생들을 대상으로 학과목 보습학원을 운영해 오고 있어 재학생들과 졸업생들의 한국사 자격증 소지의 필요성에 대해 깊이 공감합니다.

따라서 매회 한국사 능력 검정 시험에 도전을 시키고 있고 오답 풀이를

하는 과정에서 학생들이 주로 혼동하는 부분을 정성스럽게 정리하여 학습을 시키다 보니 짧은 시간에 한국사 내신 대비는 물론이거니와 많은 학생들이 1급 자격증을 취득하였고, 이런 학생들 중 일부는 현재 고등학교 역사 선생님과 사학과 교수로 재직 중이기도 합니다.

시중에는 한국사 교재가 많이 나와 있지만, 대부분 시대별, 영역별로 구분되어 있어 학습을 하기에 매우 광범위하다 보니 역사를 공부하는 학생들이 역사의 전체 흐름을 파악하기보다 영역별로 단편적인 지식을 쌓는 데 급급하고 이렇게 학습한 지식들이 연계가 되지 못하는 문제가 있습니다.

저는 이러한 문제점들을 보완할 수 있도록 각 시대마다 왕의 업적을 순서대로 정리해 놓았고 특히 고려는 500년의 역사를 한눈에 살펴볼 수 있도록 도표로 구성해 놓았으며 근현대사는 연도별로 사건을 나열해 역사의 전체적인 흐름을 이해하는 데 도움을 주고자 합니다.

또한, 세부적인 요소들과 한국사 급수 대비에서 오답률이 높은 부분은 별도로 정리해 다른 시대와 혼동하지 않도록 비교 분석해 놓았으니 역사를 힘들게 암기하기보다 이해하려고 노력하기를 바랍니다.

한국사 시험을 앞둔 수험생과 초·중·고 학생들이 짧은 시간에 학교 내신에 철저히 대비하고 한국사 자격증을 단기간에 취득할 수 있도록 제가 가진 소중한 족집게 강의 자료를 많은 분들에게 공개하오니 우리의 소중한 역사에 관심과 사랑을 갖는 계기가 되기를 바라며 한국사 자격증 취득 도전에도 실질적인 도움이 되기를 진심으로 희망합니다.

목차

근현대사 자료 정리 ————

역사 자료 정리

구석기, 신석기, 청동기, 철기시대 특징

구석기 시대	신석기 시대	청동기 시대	철기 시대
평등 사회		계급 사회	
약 70만 년 전	BC 8000년경	BC 2000년경 ~ BC 1500년경	BC 5C경

• 뗀석기 사용
• 주먹도끼
• 찍개
• 밀개
• 슴베찌르개
• 불 이용
• 언어 구사
• 이동 생활
• 채집, 사냥
• 막집
• 유적지
  ☞ 공주 석장리
	• 간석기 사용
	• 빗살무늬 토기
	• 이른 민무늬 토기
	• 덧무늬 토기
	• 눌러찍기무늬토기
	• 뼈바늘
	• 가락바퀴
	• 정착 생활(부족 사회 형성)
	• 간단한 농경 시작
	  (조, 귀리, 수수)
	• 움집
	• 갈판/갈돌
	• 원시 신앙 발생
	  ☞ 애니미즘, 토테미즘, 샤머니즘
		• 청동기 사용
		• 청동검, 청동 거울
		• 민무늬 토기
		• 미송리식 토기
		• 비파형 동검
		• 고인돌
		• 반달돌칼
		• 움집(배산임수 지역)
		• 벼농사 보급
		• 농업 생산력 증대
		• 사유 재산 개념 형성
		• 빈부 차이, 계급 발생
		• 군장 출현
		• 국가 성립(고조선)
			• 철기 사용
			• 철제 농기구 보급
			  ☞ 농업 생산력 향상
			• 철제 무기 보급
			  ☞ 정복 전쟁 확대
			• 독자적 청동기 문화 발전
			  ☞ **세형동검**
			  ☞ **잔무늬거울**
			  ☞ **거푸집**
			• 중국과 활발한 교류
			  ☞ 명도전, 반량전, 붓 출토
			• 청동기는 의식용 도구로 변화

02 청동기, 철기시대 예술

• 의식용 도구

　☞ 청동 거울, 청동 방울, 청동 검

• 바위 그림

울주 대곡리 반구대 바위 그림

　☞ 다양한 동물 → 사냥, 물고기 잡이 성공과 풍요 기원

고령 장기리 바위 그림

　☞ 동심원, 기하학 문양 → 태양 숭배, 농업 풍요 기원

03 고조선 8조법

• 생명 중시

• 노동력, 사유재산 중시

• 계급사회

　☞ 형벌과 노비의 존재

• 화폐 사용

04 고조선의 성립과 발전

- 청동기 문화 기반으로 건국
- 단군왕검 건국 : BC 2333년
- 제정일치
- 천손사상+토템 부족 결합
 cf) **비파형 동검, 탁자식 고인돌, 미송리식 토기**
   (= 고조선의 범위 알려 줌)

[고조선 성장과 멸망]

① 고조선의 성장
- 랴오닝 지방 중심으로 주변 지역 통합 ☞ 한반도 북부까지 확대
- BC 3C → **부왕에서 준왕으로 왕위 세습(= 왕권 강화)**
- 관직 마련 ☞ 상, 대부, 장군

★ **연나라와 대립**

② 위만조선(BC 194년)
- 철기문화 적극 수용
- 영토 확장
- 중계무역(★ **한나라와** ★ **진나라** 사이)

③ 고조선 멸망(BC 108년)

★ **한 무제의 침공**
- 지배층 내분으로 멸망
- 한군현 설치 ☞ 이후 고구려, 백제가 한군현 몰아내고 성장함

05 부여, 고구려, 옥저, 동예, 삼한의 특징 구분

부여	고구려	옥저	동예	삼한
• 쑹화강 유역 　(성장) • 왕 　⇩ 가, 대사자, 사자 • '가'들이 사출 　도 통치 　☞ 마가, 우가, 　　저가, 구가 • 5부연맹 형성 • 12책법 　☞ 12배로 배상 • 순장 • 껴묻거리 • 흰옷 • 형사취수제 • 제천행사 　☞ 영고	• 주몽 건국 • 졸본(도읍) 　→ 국내성(천도) • 왕 　⇩ 대가, 사자, 조의, 선인 • 제가회의(귀족 　회의) • 데릴사위제(= 　서옥제) • 5부족연맹형성 • 형사취수제 • 제천행사 　☞ 동맹	• 동해안 지역에 위치 • 해산물 풍부 • 선진문화 수용 미흡 • **읍군, 삼로**가 통치 • 이후 고구려에 흡수 • 국가로 성장하지 못함		• 고조선 유민+진 　(결합) ☞ 마한 변한 진한 • 70개 소국으로 　구성 • 마한(목지국 지 　배자) ☞ 삼한 주도 • 신지, 읍차가 지 　배 • 제정 분리 ☞ 천군, 소도 존재 • 풍부한 철 생산 ☞ 변한 • 벼농사 발달 • 백제(마한) 　구야국(변한) 　사로국(진한) • 제천행사 ☞ 5월 수릿날 ☞ 10월 계절제
		• 민며느리제 • 가족공동묘	• 엄격한 족외혼 • 책화 ☞ 부족 침입 시 　말, 소로 배상 • 특산물 ☞ 단궁, 과하마, 　반어피 • 제천행사 ☞ 무천	

06 삼국의 성장(고구려, 백제, 신라)

◆ 고구려 ◆

① 태조왕
 ☞ 요동 진출
 ☞ 옥저 복속
 ☞ 계루부 고씨 왕위 독점(세습)

② 고국천왕
 ☞ 5부 개편(부족적 5부 → 행정적 5부)
 ☞ 왕위 세습(부자 상속제)
 ☞ 진대법 실시

③ 미천왕
 ☞ 4C초 낙랑군 공격(중국 세력 완전히 축출)
 ☞ 대동강 유역 확보

④ 소수림왕
 ☞ 불교 수용
 ☞ 율령 반포
 ☞ 태학 설립
 ☞ 전진과 수교

⑤ 광개토 대왕
 ☞ 백제 압박
 ☞ 거란, 후연 격파(요동, 만주 일대 장악)
 ☞ '영락' 연호 사용

☞ 왜군 격퇴(신라 내물왕 요청)(호우명 그릇)

⑥ 장수왕

　☞ 남진 정책(국내성 → 평양 천도)

　☞ 남북조와 교류

　☞ 광개토 대왕릉비, 충주 고구려비 건립

◆ 백제 ◆

① 온조왕(1대)

　☞ 주몽 아들

　☞ 위례성에서 건국

② 개루왕(4대)

　☞ 도미부인 설화

③ 초고왕(5대)= 소고왕= 속고왕(개루왕의 장남)

④ 고이왕(8대)= (개루왕 둘째 아들)

　☞ 한강 유역 장악

　☞ 6좌평제 마련

　☞ 관복제 실시

⑤ 비류왕(11대)

　☞ '우복' 반란 진압(우복 : 비류왕의 이복동생)

⑥ 근초고왕(13대)

　☞ 마한 통합, 고구려 공격, 동진과 수교

　☞ 부자 상속제(왕위 계승 확립)

☞ 요서 진출

☞ 일본 규슈와 교류

⑦ 침류왕(15대)

　☞ 불교 공인

⑧ 전지왕(18대)

　☞ 상좌평 직제를 처음으로 제정

⑨ 비유왕(20대)

　☞ 신라 눌지왕과 나·제 동맹 결성(433년)

⑩ 개로왕(21대)

　☞ 고구려 첩자 도림에게 속음

　☞ '걸루', '만년'이 살해(475년)

⑪ 문주왕(22대)

　☞ 웅진 천도

⑫ 동성왕(24대)

　☞ **나·제 동맹 강화**(신라와 혼인 동맹 체결)

　☞ 중국 남조와 국교 재개

⑬ 무령왕(25대)

　☞ 22담로(지방에 왕족 파견)

　☞ 벽돌무덤(중국 남조 영향)

　☞ 남조의 양과 교류

⑭ 성왕(26대)

　☞ 사비 천도

　☞ 국호 '남부여' 사용

☞ 22부(중앙통치 조직)

☞ 5부(수도), 5방(지방) 설치

☞ 일본에 불교 전파

☞ 일시적으로 한강 유역 점령

☞ 관산성 전투에서 전사(김무력과 전투)

⑮ 무왕(30대)

⑯ 의자왕(31대)

⑰ 부여풍(32대)

◆ 신라 ◆

① 박혁거세(1대)

☞ 신라 최초 왕

☞ 박씨 시조(알에서 태어남)

② 유리이사금(3대)

☞ 석탈해에게 왕위를 양보하려 함(설화)

③ 내물왕(17대)

☞ 김씨 왕위 독점

☞ 마립간(왕호)

☞ 낙동강 유역(영토 확장)

☞ 왜군 격퇴(광개토 대왕 도움받음)

④ 눌지왕(19대)

☞ 부자상속제

☞ 나·제동맹 체결(433년)

⑤ 지증왕(22대)

☞ 나라 이름(신라)

☞ '왕' 칭호

☞ 순장 폐지

☞ 울릉도 우산국 정복

☞ 우경 시작

☞ 동시전 설치(상행위 감독기관)

⑥ 법흥왕(23대)

☞ 율령 반포

☞ 불교 공인

☞ 금관가야 병합

☞ 상대등 설치

☞ 골품제 정비

☞ 중앙 집권적 고대 국가 체제 완성

☞ '건원(연호)' 사용

⑦ 진흥왕(24대)

☞ 화랑도 조직(삼국 통일 기반 마련)

☞ 단양 적성비(고구려 영토였던 '적성' 공략 기념비)

☞ 신라 최대 영토 확보 [한강 유역 장악을 기념한 진흥왕 순수비(4개)](북한산 순수비, 창녕 척경비, 황초령 순수비, 마운령 순수비)

☞ 대가야 병합(백제 성왕 전사)

☞ 황룡사 건립

⑧ 선덕여왕(27대)

  ☞ 26대 진평왕의 장녀

  ☞ 신라 최초 여왕

  ☞ 김춘추를 당에 보냄(외교 활동)

⑨ 진덕여왕(28대)

  ☞ 나·당 동맹 체결(648년)

⑩ 무열왕(29대)

  ☞ 신라 최초 진골 출신

  ☞ 백제 멸망시킴(660년)

⑪ 문무왕(30대)

  ☞ 매소성 전투(675년)

  ☞ 기벌포 전투(676년)

  ☞ 삼국 통일 완성

⑫ 신문왕(31대)

  ☞ 김흠돌(귀족) 난 진압

  ☞ 국학 설치

  ☞ 9주 5소경(행정)

  ☞ 9서당 10정(군사) 정비

  ☞ 녹읍 폐지, 관료전 지급

  ☞ 집사부, 시중 권한 강화

⑬ 성덕왕(33대)

  ☞ 가장 태평성대

  ☞ 당나라와 우호적

⑭ 경덕왕(35대)

  ☞ 녹읍 부활

⑮ 혜공왕(36대)

  ☞ 왕위 다툼(피살됨)

⑯ 원성왕(38대)

  ☞ 독서삼품과 실시(788년)

⑰ 헌덕왕(41대)

  ☞ 김헌창의 난(822년)

⑱ 진성여왕(51대)

  ☞ 원종, 애노의 난(889년) → 농민 봉기

  ☞ 최치원(시무 10조 올림) → 사회 개혁안

⑲ 신덕왕(53대)

  ☞ 견훤에게 대야성 공격당함(916년)!

⑳ 경애왕(55대)

  ☞ 견훤 습격 받고 사망(927년)

㉑ 경순왕(56대)

  ☞ 견훤에 의해 왕위 오름

  ☞ 자진해서 고려 태조(왕건)에게 항복

  ☞ 아들(마의태자)

07 동아시아 국제 정세

삼국시대 → 통·신 → 고려 → 조선 초 → 조선 후기
(수, 당)   (당)   (송)   (명)   (청)

☞ 수   ☞ 청해진   ☞ 벽란도

- 살수대첩(612년)   ☞ 울산항

(을지문덕 ↔ 수 양제)

☞ 당
- 연개소문(강경 대응)
- 양만춘(안시성 싸움) : 645년

08 백제, 고구려 멸망

① 660년 : 백제 멸망
② 661년 : 백제 부흥 운동(**흑치상지, 복신, 도침**)
③ 663년
　☞ **백강 전투**(백제 패배)
　☞ 주류성 함락
④ 664년
　☞ 임존성, 사비성 함락 → 백제 부흥 세력의 전멸

⑤ 668년
  ☞ 고구려 멸망
  ☞ 고구려 부흥 운동(안승, 검모잠, 고연무, 보장왕) → 신라가 지원함

09 **나 · 당 전쟁**

① 당의 한반도 장악을 위한 기구 설치
  ☞ 웅진도독부(백제) 설치
  ☞ 계림도독부(신라) 설치
  ☞ 안동도호부(고구려) 설치
          ⇓
② 매소성 전투(675년), 기벌포 전투(676년)[신라 ↔ 당 전투]
          ⇓
③ 당 몰아내고 삼국 통일 완수(676년)
  ☞ 대동강 이남 지역 확보
  ☞ 민족 문화 기틀 마련

10 통일신라 통치 체제

• 집사부 중심(시중), 13관부(행정 업무 담당)
• **사정부**(감찰기구)
• 지방 제도(**9주 5소경**)
 (설치 이유 : ① 수도가 한쪽으로 편재해 있는 문제점 보완
　　　　　　② 지방 피정복민 회유, 통제하기 위함)
 ☞ **9주**
　 - **외사정**(지방관) 파견 ※ 발해는 촌주가 직접 다스림
　 - **상수리 제도**(볼모 제도) 실시 → 지방 세력 견제
　 - **도독** 파견
 ☞ **5소경**
　 - 군사 행정 요충지에 설치
　 - 사신 파견
• 군사 조직
 ☞ **9서당**(중앙군) **10정**(지방군)

11 신라 말의 동요

• 혜공왕 사후 진골 귀족들의 왕위 쟁탈전 전개(김헌창의 난)
• 왕권 약화
• 상대등 권한 강화

- 농민 봉기 발생(원종, 애노의 난)
- 중앙정부 세력 약화
- 지방에서 호족 출현
- 6두품의 골품제 모순 비판
- 선종, 풍수지리설 유행

12 삼국의 부자 상속제

- 고구려
  ☞ 고국천왕(3C)
- 백제
  ☞ 근초고왕(4C)
- 신라
  ☞ 눌지왕(5C)

13 삼국의 전성기

- 백제
  ☞ 근초고왕(4C)

- 고구려
  - ☞ 장수왕(5C)
- 신라
  - ☞ 진흥왕(6C)

14 백제의 도읍지 변천

위례성 ─────────→ 웅진(공주) ─────────→ 사비(부여)
　　　└, 문주왕(5C 말) ┘　　　　　└, 성왕(6C) ┘

15 삼국의 귀족회의 비교

- 고구려
  - ☞ 제가 회의 - 대대로
- 백제
  - ☞ 정사암 회의 - 상좌평
- 신라
  - ☞ 화백 회의(=만장일치제) - 상대등

16 가야의 멸망

- 금관가야 - 5C 신라 법흥왕 때 복속됨
- 대가야 - 6C 신라 진흥왕 때 복속됨

17 발해

- **대조영**+고구려 유민(**지배층**)+말갈인(**피지배층**) → 건국(698년)
- 동모산에서 건국
- 거란에 의해 멸망(926년)
- 유민들의 부흥 운동 전개
- ☞ **후발해**(929년~936년), 정안국
- 고구려 계승
  ① 고구려 영토 회복
  ② 일본에 보낸 국서에 '고려 국왕'이라고 표기
  ③ 고구려 문화와 유사성
    ☞ **온돌 장치**
    ☞ **고분, 모줄임천장 구조(정혜공주 묘)**
    ☞ **벽돌과 기와 무늬**
- 전국(5경 15부 62주) 체제 편성
- 3성 6부제(**정당성**) - 대내상이 국정 총괄

- 중앙군(10위)
- 고구려 계승 확인 문헌 -『구당서』,『속일본기』

◆ **발해 왕들의 업적** ◆

① 무왕

 ☞ 연호(인안)

 ☞ 흑수 말갈 토벌

 ☞ 돌궐, 일본과 친교

 ☞ 당에 적대적(장문휴가 산둥 지방 공격)

② 문왕

 ☞ 연호(대흥)

 ☞ 당과 친선

 ☞ 신라도(신라와 교류)

 ☞ 상경 천도

 ☞ 3성 6부 체제 정비

③ 선왕

 ☞ 연호(건흥)

 ☞ 5경 15부 62주 확립

 ☞ 대부분 말갈 복속

 ☞ 요동·연해주 진출

 ☞ '해동성국'이라 불림(최대 영토 확보)

18 삼국시대 일본과의 교류

• **고구려**
  ☞ 담징의 금당벽화
  ☞ 종이, 먹, 제조 기술
  ☞ 혜자(쇼토쿠 태자 스승)
• **백제**
  ☞ 오경박사, 역박사 파견
  ☞ 왕인(논어)
  ☞ 노리사치계 활약(불경, 불상)
• **신라**
  ☞ 조선술, 축제술 전수('한인의 연못')
• **가야**
  ☞ 스에키 형성에 영향
    cf) 삼국   → 스에키 문화
         통일신라 → 하쿠호 문화

19 삼국의 역사서 비교

- 고구려(영양왕)
  - ☞ 이문진의 『신집』, 『유기』
- 백제(근초고왕)
  - ☞ 고흥의 『서기』
- 신라(진흥왕)
  - ☞ 거칠부의 『국사』

20 유학자

- **강수** ☞ 외교 문서
- **설총** ☞ 이두 정리 『화왕계』: 원효 대사 아들인 설총이 신문왕을
  위해 지음
  우리나라 최초 창작 설화
  가전체 원류, 의인체 설화
  『삼국사기』에 실림
- **김대문** ☞ 『화랑세기』, 『한산기』 저술
- **최치원** ☞ 『토황소격문』
  - ☞ 유·불·선 통합 사상 제시
  - ☞ 진성여왕에게 '시무책 10조' 올림

21 삼국의 고분 비교

- **고구려**
  - ☞ 돌무지무덤(**장군총**), 굴식돌방무덤
- **백제**
  - ☞ 계단식 돌무지무덤, 굴식돌방무덤, 벽돌무덤(무령왕릉)
- **신라**
  - ☞ 돌무지덧널무덤
- **발해**
  - ☞ 굴식돌방무덤(정혜 공주 무덤)! 벽돌무덤(정효공주 무덤)
    - * 정혜공주 묘에서 석사자 발견

22 남북국 시대 무역

- **통일신라**
  - ☞ 울산항, 청해진 설치(장보고)
  - ☞ 당·일본과 공·사 무역
  - ☞ 신라인의 중국 이주 활발
- **발해**
  - ☞ 말, 녹용 수출
  - ☞ 산둥반도에 발해관 이용
  - ☞ 신라도(신라와 교류)

23 문화재 비교(삼국)

고구려	백제	신라
• 금동 연가 7년명 여래입상	• 산수무늬 벽돌(도교)	• 화랑의 성지순례
• 사신도(도교)	• 금동대향로(도교)	☞ 울주 천전리 암각화
• 광개토 대왕릉비	• 익산미륵사지석탑(목탑 양식)	☞ 제천시 점말 동굴
• 충주 고구려비	• 부여 정림사지 5층 석탑	
• 수산리 고분벽화	• 서산 용현리 마애 여래 삼	• 황룡사지(절터)
• 고구려 안학궁	존상	
	• 칠지도	• 경주 분황사 석탑
• 돌무지무덤(장군총)	• 사택지적비(유교)	☞ 현존하는 가장 오래된 석탑
• 굴식돌방무덤	• 돌무지무덤	• 단양 적성비
☞ 벽, 천장에 고분벽화 있음	☞ 한성시기	• 북한산 순수비
		• 황초령 순수비
	• 벽돌무덤	• 마운령 순수비
	☞ 무령왕	
	☞ 중국 남조 영향	• 천마총
	• 굴식돌방무덤	• 임신서기석(유교)
	☞ 사비시기	• 첨성대
		• 석빙고
		• 돌무지덧널무덤
		☞ 벽화 없고 도굴 어려움
		• 굴식돌방무덤

※ 미륵보살 반가 사유상(삼국 공통)

24 문화재 비교(남북국시대, 고려)

통일신라	발해	고려
• 경주 석굴암 본존불상 • 불국사 • 경주 동굴 • 월지(연못) • 감은사지 3층 석탑 • 경주불국사 3층 석탑(=석가탑) 　☞ 무구정광 대다라니경 발견(가장 오래된 목판 인쇄물) • 승탑(선종) • 법주사 쌍사자 석등 • 화순 쌍봉사 철감 선사탑(승탑) ※ 통일신라 말 **선종 유행**으로 **승탑**이 많이 제작됨 ※ 통일신라는 3층 석탑 유행	• 이불병좌상 • 발해 석등 • 영광탑 • 발해 상경성 터 • 발해 돌사자상 ※ 정혜공주묘(문왕 둘째딸) 　☞ 굴식돌방무덤 　☞ 모줄임천장 구조 　☞ 돌사자상 2개 발견 ※ 정효공주묘(문왕 넷째딸) 　☞ 벽돌무덤(당나라 영향) 　☞ 벽화 있음	• 팔만대장경 • 상정고금예문 • 직지심체요절 • 논산 관촉사 석조 미륵보살 입상 • 영주 부석사 소조여래좌상 　☞ **신라 양식 계승** • 하남 철조 석가여래좌상 　☞ **대형 철불** • 월정사 8각 9층 석탑(고려초) • 경천사지 10층 석탑 　☞ **고려 말 원나라 영향** 　☞ **조선의 원각사지 10층 석탑에 영향을 줌** • 원주 법천사지 지광국사탑(승탑) ※ 주심포 양식 건축물 　① 안동 봉정사 극락전 　　☞ 가장 오래된 건물 　② 영주 부석사 무량수전 　③ 예산 수덕사 대웅전 　　→ 위 ①, ②, ③은 모두 **주심포 양식(= 배흘림기둥)**으로 건축됨 • 황해도 성불사 응진전 　☞ 다포양식 • 여주 고달사지 승탑 　☞ 팔각원당형

25 조선시대 건축물

- 16C(서원)
  - ☞ ★ 주세붕의 백운동 소수서원
  - ☞ 최초 서원
  - ☞ 조선 최초 사액 서원
- 17C(사원)
  - ☞ ★ 구례 화엄사 각황전(숙종 때 재건)
  - ※ 화엄사 각황전 앞 석등
    - → 통일신라 석등
    - → 현존하는 가장 큰 석등
  - ※ 화엄사 각황전
    - → 통일신라 때 세워져 임진왜란 때 소실
    - → 조선 숙종 때 재건
  - ☞ ★ 충남 보은 법주사 팔상전
    - → 신라 진흥왕 때 창건, 인조 때 복원, 최근 다시 복원
    - → 오층탑 형식의 목조 건물
    - → 주심포 양식
    - → 현존하는 대표적인 목탑
      - ① 법주사 팔상전
      - ② 전남 화순의 쌍봉사 대웅전
  - ☞ ★ 김제 금산사 미륵전
- 18C
  - ☞ 수원 화성(정조)

26 불교

통일신라	고려
① 원효 ☞ 불교대중화(무애가) ☞ 일심사상 ☞ 화쟁사상 ☞ 아미타 신앙	① 의천 ☞ 대각국사 ☞ 천태종 창시 ☞ 교종 중심 ☞ 교관겸수(교리)
② 의상 ☞ 화엄사상 ☞ 부석사 건립 ☞ 관음 신앙	② 지눌 ☞ 보조국사 ☞ 조계종 창시 ☞ 선종 중심 ☞ 정혜쌍수, 돈오점수(교리) ☞ 수선사 결사
③ 혜초 ☞ 왕오천축국전	③ 요세 ☞ 백련결사
④ 원측 ☞ 유식불교	④ 혜심 ☞ 유·불·선 일치설
CF) 통일신라 말 ☞ 선종(참선), 호족후원, 9산 선문	

27 삼국시대 도교

- 도교사상   ☞ 신선사상
                ☞ 불로장생
                ☞ 현세 구복
- 백제   ☞ 산수무늬 벽돌
                ☞ 금동 대향로
- 고구려   ☞ 고구려 고분벽화

28 민정문서

- 통일신라의 촌락문서
- 3년마다 촌주가 작성
- 토지 면적, 인구수, 소, 말의 수 등을 기록(= 세금 징수 목적)

29 통일신라 말기

- 호족+6두품(반란)
- 선종(선문9산)
- 풍수지리설 유행

30 삼국의 불교 수용 및 율령 반포 시기

	고구려	백제	신라
불교 수용	소수림왕(4C)	침류왕(4C)	법흥왕(6C) ☞ 이차돈의 순교로 불교인정
율령 반포	소수림왕(4C)	고이왕(3C)	법흥왕(6C)

【두음문자 암기법】

※ 불소침법   ※ 율소고법

　(불교수용)   　(율령반포)

31 발해사의 고구려 계승 근거

① 발해 왕이 일본 국서에 스스로 '고려 왕'이라고 칭함
② 고구려 문화 요소를 계승함
　☞ 온돌 장치, 탑, 이불병좌상, 돌사자
③ 문왕의 둘째 정혜공주 무덤 양식
　☞ 고구려식 굴식돌방무덤
　☞ 모줄임천장 구조 양식

32 통일신라 발전과 통일신라 말의 사회 변화

통일신라 발전	통일신라 말 사회 변화
① 무열왕계 직계 자손 왕위 계승	① 귀족 반란(김헌창의 난)
→ 귀족 세력 숙청, 왕권 강화	② 무열왕계 몰락
② 집사부, 시중 권한 강화	☞ 상대등 강화
③ 사정부(관리 비리 감찰) 강화	☞ 녹읍 부활
④ 국학 설립(유학 교육 기관)	☞ 6두품 약화
⑤ 6두품 정치 역할 확대	③ 전국적 농민 봉기
⑥ 관료전 지급, 녹읍 폐지(신문왕)	☞ 원종, 애노의 난
⑦ 민정문시	④ 호족 성장
☞ 3년마다 작성	☞ 장보고(청해진)
☞ 신라 촌락 문서	☞ 견훤(완산주)
⑧ 9주 5소경	☞ 궁예(철원)
☞ 수도가 동남쪽에 치우친 약점 보완	⑤ 선종 유행(9산선문)
☞ 지방의 균형 발전 거점 역할	⑥ 풍수지리 사상 유행
⑨ 상수리 제도	⑦ 승탑(선종) 유행
☞ 세력가 자제를 수도에 거주시킴	⑧ 6두품
☞ 지방 세력 약화 시도	☞ 반신라
⑩ 9서당(중앙군) 10정(지방군)	☞ 골품제 비판
cf) 9서당 : 고구려, 백제, 말갈계도 포함	⑨ 후삼국 성립
⑪ 활발한 대외무역	☞ 후백제 건국(900년)
☞ 경주에 시장 설치(동시, 서시, 남시)	- 견훤
☞ 울산항(아라비아 상인 왕래)	- 완산주
☞ 당 진출(산둥, 양쯔강 하류에 신라촌, 신라	☞ 후고구려 건국(901년)
원, 신라도 설치)	- 궁예
	- 도읍지 : 송악 → 철원
	(왕건이 다시 철원에서 송악으로 천도함)
	- 국호 변경 : 마진 → 태봉(905년)

33 시대별 행정조직 비교

행정조직	
통일신라	• 9주 5소경
발해	• 3성 6부
고려	• 5도(안찰사)　　　　양계(병마사) ☞ 주현보다 관리파견 안한 속현이 더 많음 ☞ 특별 행정구역 존재(향, 부곡, 소)
조선	• 8도(태종) ☞ 모든 군현에 수령 파견 ☞ 특별 행정구역 없어짐

34 상행위 감독기관 비교

감독기관	
통일신라	• 동시전 ☞ 신라 지증왕 때 설치
고려	• 경시서 ☞ 고려 문종 때 설치 ☞ 조선 세조 때 평시서로 개칭함

35 지방 통제 제도 비교

감독기관	
통일신라	• 상수리 제도(볼모 제도)
고려	• 기인 제도(볼모 제도) • 사심관 제도(태조) ☞ 중앙 관리를 출신 지역의 사심관으로 임명 ☞ 연대 책임을 지게 함 • 상피 제도(고려 선종 때 제정) ☞ 출신지역, 특별한 연고 지역의 지방관으로는 임명하지 않음
조선	• 상피 제도(세종) ☞ 고려에 비해 상피제 적용 범위가 확대됨

36 탑의 종류

① 목탑(나무) : 황룡사 9층 목탑

  ☞ 선덕여왕 때 건립

  ☞ 고려 때 소실

② 석탑(돌) : 1. 익산 미륵사지 석탑

  ☞ 현존하는 석탑 중 제일 규모가 크고 오래된 탑

  ☞ 목탑 구조

  2. 부여 정림사지 석탑

③ 전탑(벽돌)

④ 모전 석탑(벽돌 모양의 돌 사용)

        ☞ 경주 분황사 모전 석탑

        → 현존하는 신라 석탑 중 가장 오래됨

37 화랑도

- 진흥왕 때 조직(인재 양성)
- 진골 귀족부터 평민까지 다양하게 구성
- 청소년 수련 단체
- 원광 세속오계 계율
  - ① 사군이충
  - ② 사친이효
  - ③ 교우이신
  - ④ 임전무퇴
  - ⑤ 살생유택

38 국가별 기관 비교

내용 \ 나라	통일신라	발해	고려	조선
학교	국학	주자감	국자감	성균관
관리 비리 감찰	사정부	중정대	어사대	사헌부

내용 \ 나라	고려	조선
합의기구	도병마사 → 도평의사사	의정부 → 비변사(임진왜란 이후)
왕명 출납	중추원	승정원
간쟁	중서문하성(낭사)+대간	사간원

39 국가별 빈민 구휼 제도 비교

- **고구려, 백제** : 진대법
- 고려
  ☞ **고려(태조)** : 흑창
  ☞ **고려(성종)** : 의창(흑창을 확대하여 실시)
  cf) 고려 성종 : 상평창(물가조절 기관)
- 조선
  ☞ 환곡
  ☞ 의창
    → 고려 제도 이어받아 태종까지 운영

→ 세종 때 크게 정비됨

→ 중종 이후 사실상 폐지

40 시대에 따라 변천된 석탑

★ 월정사 8각 9층 석탑(고려 초)

경천사지 10층 석탑(고려 말)

　　　　　　(원 영향)

원각사지 10층 석탑(조선 세조)

㊶ 후삼국시대(순서!!)

① 900년 : 후백제 건국(견훤)(완산주)

② 901년 : 후고구려 건국(궁예)(철원)(국호 → 태봉)

③ 918년 : 고려 건국(왕건)

④ 927년 : 공산 전투(견훤 승)

⑤ 930년 : 고창 전투(왕건 승)

⑥ 935년 4월 : 견훤 항복(왕건에게 귀순)

⑦ 935년 11월 : 경순왕 항복(마의태자 반대함) → 개골산에 들어가 베

  옷을 입고 지냈다고 하여 '마의태자'라 칭함

⑧ 936년 8월 : 황산 전투(왕건, 견훤 공동지휘 ↔ 신검)

⑨ 936년 9월 : 일리천 전투(신검 패배)

⇓

후백제 멸망(후삼국 통일)

CF) 홍산 대첩(1376년) : 최영(충남 홍산)

  황산 대첩(1380년) : 이성계(전라도 지리산 부근)

42 고려시대 주요 사건과 특징

10C	11C	1170년 (무신정변)	12C	13C	14C	1392년 (조선 건국)
고려 초기 (송, 거란)	고려 중기 (요, 여진)		무신집권기 (몽고)	몽고 간섭기 (원)	고려 말 (홍건적, 왜)	
귀족 (호족, 6두품)	귀족		무신	권문세족	신흥무인세력+ 신진사대부	

- 진취적
- 개방적
- 관제 정비
- 북진 정책
  추진
- 자주적
	- 문벌귀족사회
	- 보수적
	- 폐쇄적
	- 북진 정책
	  둔화
			- 하극상의 혼란기
			- 무신 권력기(중방
			  → 도방 → 교정
			  도감)
			- 자주적
			
			• 1104년
			- 별무반 조직(숙종)
			→ 윤관 건의
			
			• 1107년
			- 여진 정벌
			- 동북9성 축조
			
			• 1126년
			- 이자겸의 난(척준경)
			
			• 1135년
			- 묘청 서경 천도
			  운동
				- 사대부 성장
				- 침체기
				- 자주성 상실
				- 관제 격하
				- 공민왕 개혁
				- 보수적
					- 사대부(개혁요구)
					- 보수 개혁 갈등기
					- 북진 정책
					- 관제 회복
					- 진취적	

거란 1차 침입 : 993년(성종)		(무신정변 시기 난)	(몽고 1차~6차 침입)
거란 2차 침입 : 1010년(현종)		• 1177년	• 1231년 : 몽고 1차 침입
거란 3차 침입 : 1018년(현종)		- 공주명학소(망이, 망소이 난)	→ 다루가치 주둔
			• 1232년 : 몽고 2차 침입
			→ 김윤후의 처인성 전투(살리타 사살)
		• 1193년	• 1235년 : 몽고 3차 침입
		- 경상도(김사미, 효심의 난)	→ 황룡사 9층 목탑 소실
			• 1248년 : 몽고 4차 침입
			→ 아모간 침입
		• 1198년	• 1251년 : 몽고 5차 침입
		- 만적의 난(신분 해방 운동)	→ 야고 침입
			• 1255년 : 몽고 6차 침입
			→ 몽고가 '출육입조' 요구
			(육지 출입)
			(외국 사신이 조정 회의에 참여)
			★ 1270년~1273년
			- ★ 삼별초 항쟁(개경 환도 반대)
			- 강화도 → 진도 → 제주도

43 여·몽(고려, 몽고) 전쟁

- 1231년(박서의 귀주성 항쟁)
- 1232년(최우의 강화도 천도)
      (김윤후의 처인성 전투 - 살리타 사살)
- 1236년(송문주의 죽주성 전투)
- 1253년(김윤후의 충주성 전투)
- 1270년 ~ 1273년(삼별초 항쟁 - 개경 환도 반대)
      (강화도 → 진도 → 제주도)
- 1273년(삼별초 항쟁 진압)

44 공민왕 개혁

① 정동행성 폐지
② 쌍성 총관부 탈환
③ 전민변정도감 설치
④ 관제 회복
⑤ 몽골풍 금지
⑥ 정방 폐지(인사기구)
⑦ 과거제 정비
⑧ 기철 일파 숙청(친원 세력 제거)

45 고려 왕들의 업적

① 태조(10C)
- 철원에서 건국(918년), 송악으로 천도
- **민족 융합 정책**
  - 정략결혼, 기인 제도, 사심관 제도, 역분전 지급(공신에게 지급), 사성 정책(임금이 '성씨'를 하사), 결혼 정책
- **북진 정책**
  - 국경선 : 청천강~영흥만
  - 발해 유민 포용
  - 국호 : 고려
  - 만부교 사건(거란이 보낸 낙타를 죽임) : 거란 강경책
- **숭불 정책**(팔관회, 연등회 등 불교 장려)
- **애민 정책**(조세 경감 1/10)(흑창)

cf) 빈민 구휼 제도 변천

진대법 → 흑창 → 의창 → 의창, 사창 → 사창제
(2C 고국천왕) (고려 태조) (고려 성종)   (조선 세종)   (흥선대원군)

cf) 왕건이 후대 왕들에게 전함 :『훈요10조』
    신하들에게 전함 :『정계』,『계백료서』

② 혜종(10C)

• 왕권 미약

• 왕규의 난(945년) : 왕위 쟁탈전

③ 정종(10C)

• 왕권 미약

• 왕규의 난 진압

• 광군사 설치

  → 최초의 전국적인 군사조직

  → 거란 침입에 대비

★ ④ 광종(10C)

  • 칭제 건원

  • 광덕, 준풍(독자적 연호)

  • 노비 안검법 실시

  • 과거 제도 실시

  • 공복 제정

  • 제위보 설치

  • 귀법사 창건

  • 송과 국교 수립

  • 승과 제도 실시(왕사, 국사 제도 마련)

⑤ 경종(10C)

• 시정 전시과 실시

  → 관리의 인품 반영

  → 전·현직 관리에게 지급

  → 문반, 무반 용어 최초 등장

★ ⑥ 성종(10C)
- 최승로 시무 28조 건의 채택
- 연등회, 팔관회 규제
- 2성 6부제
- 12목 설치(최초 지방관 파견)
- 상평창, 의창 실시
- 향리직 개편
- 국자감 정비
- 향교 설치
- 건원중보 주조
- 거란 1차 침입(서희의 강동 6주 획득)

⑦ 목종(10C~11C)
- 개정전시과 실시
  → 관품만 반영 - 18등급
  → 무관 차별
- 강조의 정변(거란 2차 침입 원인)
  → 1009년 강조가 목종을 시해하고 현종을 왕위에 올린 정변
  → 천추태후, 김치양 제거함

⑧ 현종(11C)
- 지방 행정 조직 정비
- 5도 양계 - 안찰사, 병마사 파견
- 거란 2차 침입(양규)
- 거란 3차 침입(강감찬의 귀주대첩)
- 개경에 나성 축조

- 연등회, 팔관회 부활
- 7대 실록 편찬 시도
  - → 거란 침입 때 소실
  - → 재편찬 『칠대사적』
  - → 임진왜란 때 소실

⑨ 덕종(11C)
- 7대 실록 완성
- 천리장성(= 국경 주변) 축조 시작

cf) 고구려 때 당 침입에 대비해 축조하고
　　고려 때 거란, 여진 침입에 대비해 다시 축조함

⑩ 정종(11C)
- 천리장성 완성(압록강 입구~영흥만)
- 거란, 여진 침략에 대비

⑪ 문종(11C)
- 경정전시과(현직 관리에게만 지급)
- 문헌공도(최충의 9재학당) 설립
- 동서 대비원 설치
- 불교 장려
- 남경 설치

⑫ 숙종(11C~12C)
- 별무반 창설
- 서적포 설치(국자감에 출판부 설치)

- 은병, 활구 주조
- 천태종 개칭(대각국사 의천 - 문종 아들)

⑬ 예종(12C)
- 동북9성 축조(윤관)
- 국자감에 관학 7재(특별강좌), 양현고(장학재단) 설치
- 청연각, 보문각 설치(= 궁중도서관, 학문연구소)
- 경연 제도 마련
- 혜민국 설치
- 복원궁 건립(- 우리나라 최초의 도교사원)
- 속현에 감무 파견

⑭ 인종(12C)
- 금과 사대
- 이자겸의 난
- 묘청의 서경 천도 운동
- 김부식『삼국사기』편찬
- 각 주에 향교 설치

⑮ 의종(12C)
- 무신정변 발생(정중부, 이의방 중심)
- 의종 폐위, 명종 옹립

⑯ 명종(12C)
- 무신 집권기 시작
- 서북계 민란
  - 김보당의 난 : 1173년 의종 복위 반란(문신)
  - 조위총의 난 : 1174년 의종 시해 명분

- 이의민 집권(공주명학소 망이, 망소이 난)

  최충헌 집권(경상도 김사미, 효심의 난)
- 이규보 『동명왕편』 편찬

⑰ 신종(12C~13C)
- 만적의 난(신분 해방 운동)
- 수선사 결사 운동(보조국사 지눌)
- 혜심의 유·불 일치설

⑱ 희종 13C)
- 교정도감 설치
- 백련사 결사 운동

⑲ 고종(13C)
- 최우 집권
- 몽골 침입(강화도 천도) - 최씨 정권 붕괴
- 『향약구급방』 간행
- 『상정고금예문』 간행
- 각훈의 『해동고승전』 간행

⑳ 원종(13C)
- 개경 환도(삼별초의 항쟁) - 경대승
- 동녕부, 탐라총관부 설치
- 전주 관노의 난
- 녹과전 실시(개경 환도 후 일시적)(경기, 주현 토지 지급)

46 고려의 대외 항쟁

① 10C~11C
- 거란 침입(광군사)
  - ☞ 1차 침입 - 서희
  - ☞ 2차 침입 - 양규
  - ☞ 3차 침입 - 강감찬
  - ☞ 7대 실록 편찬
  - ☞ 천리장성 축조
  - ☞ 초조대장경 조판
  - ☞ 나성 축조

② 12C
- 여진 침입(별무반)
  - ☞ 윤관 - 동북9성
  - ☞ 이자겸의 금 사대로 평화 유지

③ 13C
- 몽고 침입(삼별초)
  - ☞ 최충헌 - 1218년 조공 약속
  - ☞ 박서 - 귀주 전투
  - ☞ 김윤후 - 처인성 전투, 충주성 전투

④ 14C
- 왜, 홍건적 침입(화통도감)
  - ☞ 홍건적 침입

→ 1차 침입(1359) - 이승경, 이방실이 격퇴

→ 2차 침입(1361) - 정세운, 안우, 이방실이 격퇴

☞ 왜 침입

→ **최영**(홍산대첩)

→ **이성계**(황산대첩)

→ **최무선**(진포대첩) - 화통도감 설치

→ 박위(대마도, 쓰시마섬 토벌)

cf) 조선 세종 : 이종무의 대마도 정벌

47 고려의 유학

① 전기
• 자주적, 주체적 성격(최승로 시무 28조)
• 유교(현세 가르침), 불교(내세 가르침) → 병존 가능

② 중기
• 보수적
• 훈고학적 유학(경전 의미 해석에 중점)

③ 후기
• 훈고학적 유학 반대
• 성리학 전래(안향이 원나라에서 들여옴)
• 실천적인 윤리 중시(= 주자가례)

• 인간 심성, 우주 근원을 형이상학적으로 해석
• 이제현(만권당, 송설체)
 → 원 학자와 교류(충선왕이 원나라 연경에 세운 독서당)
• 정몽주, 권근, 정도전

48 고려 서경파와 개경파(구분)

서경파	개경파
묘청, 정지상	김부식
불교, 풍수지리	유학
고구려 계승 의식(자주적)	신라 계승 의식(사대적)
금 정벌	금 사대

49 역사 서술 방식 4가지

① 기전체 :『삼국사기』   『고려사』   『동사』   『해동역사』
　　　　　　(김부식) (김종서, 정인지) (이종휘)   (한치윤)
☞ **본기, 열전, 지로 구성**
☞ 한 왕조의 통치자를 중심으로 서술

② 편년체 :『삼국사절요』『고려사절요』『동국통감』『조선왕조실록』
　　　　　　(서거정)   (김종서 등) (서거정)
☞ 연, 월, 일순으로 기록

③ 기사본말체 :『연려실기술』   『삼국유사』   『조선사연구초』
　　　　　　　(이긍익)   (일연)   (신채호)
☞ **원인, 발단, 과정, 영향을 서술**
☞ 동양의 전통적인 역사 서술 체재

④ 강목체 :『동사강목』   『강목집요』   『대동사강』   『여사제강』
　　　　　　(안정복)   (신응조)   (민경호)   (유계)
☞ 큰 글씨 줄거리(강), 작은 글씨 서술(목)
☞ 편년체 역사 서술 형식

cf) 우리나라 최초의 기사본말체 : 서문중의『조야기문』(숙종 때)

50 최씨 정권 성립

① 최충헌
  ☞ 교정도감 설치(중요사무 처리)
  ☞ 도방 확대(호위 강화)
② 최우
  ☞ 정방 설치(인사행정 담당)
  ☞ 삼별초 조직
→ 노석 잡기 위한 야별초에서 분리된 좌별초+우별초+신의군을 합한
  조직(몽골 포로였다가 탈출한 군사로 구성)

51 고려 역사서 정리

① **고려 초** : 『7대 실록』→ 전해지지 않음, 거란 침입 때 소실
② **고려 중기** : 『삼국사기』→ 기전체
③ **고려 후기**
 • 이규보 『동명왕편』→ 주몽
 • 일연 『삼국유사』→ 단군
 • 이승휴 『제왕운기』→ 한국사 VS 중국사
④ **고려 말** : 이제현 『사략』→ 정통, 대의명분 강조

52 고려 토지 종류

① 공음전 : 5품 이상 고위 관료
② 한인전 : 6품 이하 하급 관리, 관직에 오르지 못한 자
③ 군인전 : 중앙 군인
④ 구분전 : 하급 관료, 군인 유가족
⑤ 내장전 : 왕실 경비 마련
⑥ 민전 : 세금 납부지(매매, 상속, 기증, 임대 가능)

53 고려, 조선의 정치조직 비교

고려	조선
왕	왕
	⇓
(독자기구)　　　중서문하성 : 중앙 최고 관서	- 의정부 : 최고 정무 기구
도병마사 : 국방　　　　　　⇓	- 6조 　: 정책 집행
식목도감 : 법률, 제도　상서성 : 6부 총괄(정책 집행)	
어사대 : 관리 비리 감찰	- 승정원 : 왕명 출납
삼사 : 곡식 회계 출납	- 의금부 : 국왕 직속 사법기관
중추원 : 왕명 출납, 국방 문제	- 한성부 : 서울 행정+치안
논의(추밀)	- 춘추관 : 역사 편찬
춘추관 : 역사 편찬	
	★ 3사
	- 사간원 : 서경, 봉박, 간쟁
	- 사헌부 : 관리 비리 감찰
	- 홍문관 : 경연 주도, 세자 교육

54 시대별 의학서, 농서(시대 구분!)

	고려	조선 전기	조선 후기
의학서	『향약구급방』 → 현존하는! 가장 오 래된 의학서적 『태의감』(관청)	『향약집성방』 『의방유취』	『동의보감』: 허준 『침구경험방』: 허임(인조 때) 『동의수세보원』: 이제마(사상의학) 『마과회통』: 정약용
농서	『농상집요』 → 원	『농사직설』 『금양잡록』: 강희맹	『농사집성』: 신속 『색경』: 박세당 『산림경제』: 홍만선 『해동농서』: 서호수 『임원경제지』: 서유구

55 조선 문학, 공예, 미술(시대 구분!)

	15C(조선 초기)	16C(조선 중기)	17C(조선 후기)
문학	『용비어천가』 『동문선』: 서거정(성종 때)	시조, 가사 문학 발달	한글소설 사설시조 시사조직
공예	분청사기	순백자	청화백자
미술	〈고사관수도〉: 강희안 〈몽유도원도〉: 안견	사군자 〈묵죽도〉: 이정	• 정선 - 〈금강전도〉 - 〈인왕제색도〉(=〈진경산수화〉) • 김정희 - 〈세한도〉 - 추사체 • 풍속화가 - 김홍도(서민) - 신윤복(양반, 여자)

56 고려, 조선 건축물 비교

고려(13C) : ★ 주심포 양식	조선(17C)
① 안동 봉정사 극락전 　→ 가장 오래된 건축물 ② 예산 수덕사 대웅전 ③ 영주 부석사 무량수전	① 김제 금산사 미륵전 ② 구례 화엄사 각황전 ③ 보은 법주사 팔상전

57 고려 전시과

• 전시과
　→ 전 : 전지(밭)
　→ 시 : 시지(땔감)

① 시정 전시과(경종) : 인품 기준
　　　⇓
② 개정 전시과(목종) : 관직 18등급으로 나눔
　　　⇓
③ 경정 전시과(문종) : 현직 관리에게만 지급

58 역법서

- **고려 초기** : 선명력(당)
- **고려 후기**
  - 수시력(원)
  - 대통력(명)
- **조선(세종)** : 칠정산 제작
- **조선 후기** : 시헌력 도입(24절기 구분)

59 백제, 고구려 멸망과 부흥 운동

★ 나·당 연합(648년)
⇓
백제 멸망(660년)
⇓
백제 부흥 운동(660년~663년)
☞ 복신, 도침, 흑치상지, 부여융, 부여풍
⇓
백강 전투(663년)
☞ 백제 부흥군+왜 ↔ 나·당 연합군
⇓
고구려 멸망(668년)
⇓
고구려 부흥 운동(669년~671년) : 신라가 지원
☞ 검모잠, 고연무, 안승
⇓
나·당 전쟁
☞ 매소성 전투(675년), 기벌포 전투(676년)
⇓
삼국 통일

60 고려 통치 체제

① 중앙정치 조직
- ☞ 2성6부(중서문하성, 상서성-6부 총괄)
- ☞ 중추원(군사 기밀, 왕명 출납)
- ☞ 어사대(관리 비리 감찰)
- ☞ 삼사(화폐, 곡식 출납)
- ☞ 춘추관(역사 편찬)

[독자기구]

※ 도병마사
- ☞ 국방 문제 논의
- ☞ 중서문하성(재신)+중추원(추밀) 참여

※ 식목도감
- ☞ 법률, 제도 제정

② 지방행정 조직
- ☞ 5도(일반 행정구역)(안찰사 파견)(향 부곡 소 설치)
  (주현＜속현)
- ☞ 양계(군사 행정구역)(병마사 파견)(국방상 요충지에 진 설치)
- ☞ 향리(조세, 공물 징수)(요역 징발)(업무 세습)
  └, 16세 이상 60세 미만

③ 군사 제도
- ☞ 중앙군(2군-국왕 친위 부대), (6위-수도 경비, 국경 방어)
  └, 직업 군인, 세습 가능, 군인전 받음

☞ 지방군(주진군-양계 주둔), (주현군-5도에 주둔)

④ 관리 등용 제도

☞ 과거제(제술과, 명경과, 잡과)

☞ 음서 제도(5품 이상 고위 관료 자손은 시험 없이 관직 진출)

61 고려, 조선(생활 모습 비교)

	고려	조선
사회 제도	• 의창 : 흉년에 빈민 구제, 춘대추납 • 상평창 : 물가 조절 기관 • 동·서대비원 : 환자 치료, 개경에 설치 • 혜민국 : 의약품 제공 • 제위보 : 기금 조성, 이자로 빈민 구제	• 환곡 • 사창제 : 주민 자치적으로 운영 • 동·서활인서 • 혜민국
법률	• 관습법 중심 • 상장제례(토착신앙+불교+도교의식)	• '경국대전' 규정 • 반역죄, 강상죄(유교범죄는 중죄처벌) • 연좌제 적용
농민 공동조직	• 초기 → 매향 활동(향도) → 불상, 석탑, 사원 건립 → 신앙적 조직 • 후기 → 마을 노역 → 혼례, 상장례, 마을 제사 → 공동체 생활 주도	• 전기 → 사족 중심 운영 → 유향소 설치 → 향회(결속력 강화) → 향촌 • 후기 → 부농층이 수령과 결탁 → 향회(수령의 자문기구로 전락)
가족 제도	• 재산 균등 분배(남녀 구분 없음) • 일부일처제(남성, 여성 대등한 지위) • 사위, 외손자도 음서 혜택 누림	• 전기 → 부계, 모계 모두 중시 → 자녀 균분 상속 • 17C 이후 → 부계 중심 강화 → 적장자 상속 → 친영 제도 정착 (여자가 시집가면 남자 집에 사는 것)

62 조선 왕의 업적

※ 과전법 실시(1391년): 신진사대부들의 경제적 기반 마련 위해 실시

① 태조(이성계)
 ☞ 조선 건국(1392년)
 ☞ 성리학(통치 이념)
 ☞ 개국공신 주도(재상 중심 정치 강조)
 ☞ 정도전 『불씨잡변』, 『삼봉집』, 『조선경국전』
② 정종
③ 태종(이방원)
 ☞ 국왕 중심 통치 체제 강화
 ☞ 6조 직계제 시행
 ☞ 종친, 외척 세력 정치 참여 제한
 ☞ 사병제 폐지
 ☞ 양전사업
 ☞ 호패법 실시
 ☞ 신문고 제도 실시
 ☞ 경연 폐지
 ☞ 전국 8도 구성
 ☞ 계미자 주조(조선시대 최초의 구리활자)
 ☞ 혼일강리역대국도 지도 제작
  → 우리나라 최초의 세계지도

→ 현존하는 동양에서 가장 오래된 세계지도

☞ 팔도도(이회 제작)

→ 조선 최초의 전국지도

④ 세종

☞ 의정부 서사제 실시(왕권과 신권의 조화)

☞ 경연 활성화

☞ 집현전 설치

☞ 오례에 따라 국가 행사 거행

☞ 왕도정치 추구

☞ 4군(압록강 유역) 6진(두만강 유역) 설치

└, (최윤덕)   └, (김종서)

☞ 쓰시마섬 정벌(이종무) - 왜구 소탕

= 대마도(일본 해적 집단의 근거지)

☞ 갑인자 주조(구리활자)

☞ 전세 개혁(전분 6등법,   연분 9등법)

└, 토지 비옥도 └, 풍흉 정도

☞ 과학 발전

☞ 한글 창제

⑤ 문종 ┐
       ├ 사육신(성삼문, 박팽년, 하위지, 이개, 유성원, 김문기)
⑥ 단종 ┘

└, (노산군 강등, 숙종 때 단종으로 복권됨)

⑦ 세조

☞ 6조 직계제 부활

☞ 집현전과 경연 폐지

☞ 종친 등용(= 왕권 강화)

☞ 경국대전 편찬 시도

☞ 직전법 실시(현직 관리에게만 토지 지급)

☞ 수신전(과부), 휼양전(고아) 폐지

⑧ 예종

⑨ 성종

☞ 홍문관 설치(= 언론기관 기능)

　cf) 최초 설치(세조 때) → 도서관 기능, 학문 연구

☞ 경연 부활

☞ 경국대전 완성

☞ 관수관급제 실시(국가가 직접 토지 관리하고 녹봉을 지급)

☞ 동국여지승람 제작(풍속, 인물 기록한 지리서, 현존하지 않음)

☞ 팔도지리지 완성

⑩ 연산군

☞ 무오사화(김종직 제거, 연산군 4년)

☞ 갑자사화(폐비윤씨 관련, 연산군 10년)

⑪ 중종

☞ 기묘사화(조광조 제거)

☞ 신증동국여지승람 제작(현존함)

⑫ 인종

☞ 현량과 부활(현량과= 인재 천거 제도)

☞ 조광조 원통함을 풀어주려 함

⑬ 명종

　☞ 을사사화(외척 간 다툼, 윤임 ↔ 윤원형)

　☞ 직전법(유명무실)(임진왜란 때 완전 폐지)

⑭ 선조

　☞ 임진왜란(1592년)

　　(암기법: 일(1)본놈아 오(5)너라 구둣발(9)로 이(2)긴다!)

⑮ 광해군

　☞ 중립외교정책(강홍립)

　☞ 대동법 실시(공납 개혁)(공인 등장)

　☞ 북인 등용

　　cf) 「지봉유설」 : 이수광

　　　　→ 한국 최초 백과사전

　　　　→ 1614년(광해군 6년)

⑯ 인조

　☞ 친명배금 정책

　☞ 병자호란(1636년)

　☞ 남한산성 굴욕

　☞ 영정법 실시(전세 개혁)(토지 1결당 4두)

　☞ 이괄의 난(인조 등용 위해 노력했지만, 반란을 일으키고 후금으로
　　도망감)

⑰ 효종

　☞ 북벌 정책(송시열)

　☞ 나선 정벌(러시아에 조총부대 파견)

⑱ 현종

☞ 예송논쟁(자의 대비 상복 기간)(서인 ↔ 남인)

- 예송논쟁 1차(= 기해예송)(효종 사망)(서인 승, 1년상)

└, 남인은 3년상 주장

- 예송논쟁 2차(= 갑인예송)(효종비 사망)(남인 승, 1년상)

└, 서인은 9개월 주장

⑲ 숙종

☞ 잦은 환국

☞ 명목상 탕평

☞ 백두산 정계비 건립(토문강 위치, 간도 귀속 문제 발생)

☞ 독도(안용복 파견)

☞ 상평통보 널리 유통

⑳ 경종

㉑ 영조	㉒ 정조
☞ 탕평파 육성(= 탕평비 건립)	☞ 규장각 설립
☞ 서원 정리	☞ 장용영 설치(국왕 친위부대)
☞ 전랑 지위 약화	☞ 초계 문신제 시행(관리 재교육)
☞ 균역법 시행(부족분은 결작으로 보충)	☞ 서얼, 노비 차별 완화
└, (군포 2필→군포 1필) └, 토지 1결당 2두	☞ 자유로운 상공업 활동보장
☞ 가혹한 형벌 개선(= 삼심 제도)	→ 육의전 제외하고 금난전권 폐지
☞ 속대전 편찬(법전)	[=신해통공(1791년)]
☞ 신문고 제도 부활	☞ 『대전통편』 편찬(법전)
☞ 청계천 준설	☞ 수원화성 건립(거중기, 배다리)
※ 이인좌의 난 발생	
→ 소론 일파의 영조 즉위 반대	

63 세도정치(약 60년간)

㉓ 순조	㉔ 헌종	㉕ 철종
(안동김씨)	(풍양조씨)	(안동김씨)
1. 신유박해(1801)		1. 진주 민란(1862)
- 천주교 박해사건		(=진주 농민 봉기)
2. 홍경래 난(1811)		- 삼남 지방 → 전국 확대
- 평안도(차별 대우)		- 백낙신 수탈에 저항
- 청천강 이북 → 관군 공격 → 정주 성 싸움(패배)		- 유계춘 주도 → 관아 습격, 진주성 점령
		- 삼정 문란
		2. 삼정이정청 설치
		→ 성과 없음

㉖ 고종

☞ 1863년 12월 창덕궁에서 즉위식 거행

☞ 대조선국 초대 대군주

☞ 1895년 1월 12일 사망

64 삼정문란

① 전정 : 황무지, 경작 불가능 지역에 세금 거둠
② 군정 : 황구첨정(어린아이), 백골징포(죽은 사람), 인징(도망간 이웃), 족징(친척) 세금을 거둠
③ 환곡 : 고리대 이자

65 조선시대 법전

① 태조:　　　　『조선경국전』정도전
② 세조~성종:　『경국대전』
③ 영조:　　　　『속대전』
④ 정조:　　　　『대전통편』
⑤ 고종:　　　　『대전회통』

66 고려와 조선의 화폐

★ 고려
　① 건원중보(= 한국 최초의 화폐)(996년, 성종)
　② 해동중보(= 한국 최초 철전)(숙종 때 추측)
　③ 동국통보(숙종 때 추측)
　④ 은구, 활구(고려 은화)(1101년 숙종)(조선 태종 때 유통 금지)
　⑤ 해동통보(한국에서 처음 사용한 엽전)(1102년 숙종)
　⑥ 삼한통보(1102년 숙종)
★ 조선
　① 동전(태종)
　② 저화(태종)
　③ 조선통보(세종)

④ 전폐(세조)

⑤ 팔방통보(세조)

⑥ 상평통보(인조 때 주조)(효종 때 널리 유통)(숙종 때 법화로 채택)

⑦ 당백전(흥선대원군)

   cf) 대한제국

     • 1882년 : 대동폐

     • 1883년 : 당오전

     • 1892년 : 백동화

67 조선 후기 종교

• 예언사상 『정감록』, 미륵신앙, 무격신앙

• 천주교(서학)

  ☞ 평등, 내세신앙, 제사 거부

  ☞ 학문으로 들어와 종교로 발전

  ☞ 남인 계열 실학자에 의해 신앙화

• 동학

  ☞ 인간 평등, 제사 지냄(보국안민, 후천개벽 사상)

  ☞ 1대(최제우) : 『용담유사』, 『동경대전』(1861년~1863년)

  ☞ 2대(최시형) : 『용담유사』, 『동경대전』 간행(1881년)

  ☞ 3대(손병희) : 천도교로 개칭함

68 조선시대 침략전쟁

임진왜란 → 정유재란 → 정묘호란 → 병자호란
(왜)   (왜 재침입)   (후금)   (청)
(1592년)   (1597년)   (1627년)   (1636년)
└─────────┘   └─────────┘
    (선조)   (인조)

69 조선시대 수취 제도

① 전세
  ☞ 세종(전분 6등법,   연분 9등법)
            └, 토지 비옥도 └, 풍흉 정도
  ☞ 인조(영정법) → 토지 1결당 4두
② 공납
  ☞ 선조 때 방납 폐단을 시정하기 위해 이이, 유성룡이 공납을 쌀로
    납부하는 수미법 주장함
                └, (효과 없었음)
  ☞ 광해군~숙종(대동법) → 특산물 대신 동전, 쌀, 삼베, 무명 등으로
    납부

③ 역

☞ 영조(균역법) : (군포 2필 → 1필)

(부족한 세액은 결작으로 보충)

└, (토지 1결당 2두)

70 대동법 시행 결과

① 공납의 전세화
② 조세의 금납화
③ 농민 부담 다소 감소함
④ 국가 수입이 증대됨
⑤ 지주 부담은 증가
⑥ 공인 등장
⑦ 상품 수요, 공급 증가
⑧ 상품 화폐, 경제 발전

71 실학

중농학파	중상학파	지리
① 유형원: 균전론	① 유수원	① 이중환
- 『반계수록』	- 『우서』	- 『택리지』
② 이익: 한전론	☞ 사농공상 평등, 전문화	② 정상기
- 『성호사설』	② 홍대용	- 동국대지도
③ 정약용: 여전론	- 『의산문답』	☞ 최초로 100리 척 사용
- 『흠흠신서』: 형법	☞ 자연과학도서	③ 김정호
- 『경세유표』: 제도	☞ 지전설 주장	- 대동여지도
- 『목민심서』: 목민관 자질	- 『담헌집』	☞ 10리 척 사용
역사	☞ 시집	**의학**
① 안정복	☞ 기술혁신, 문벌 제도 폐지	이제마(사상의학)
- 『동사강목』	③ 박지원	☞ 태양인, 태음인, 소양인, 소음인
☞ 중국 중심 세계관 벗어남	- 『열하일기』, 『양반전』	
☞ 독자적 정통성 세움	☞ 생산유통 강조	**언어**
② 이종휘	☞ 화폐유통 강조	① 신경준
- 『동사』	④ 박제가	- 『훈민정음 운해』
☞ 고조선, 삼한, 부여, 고구려 역사	- 『북학의』	② 유희
③ 유득공	☞ 소비 강조-우물물에 비유	- 『언문지』
- 『발해고』	☞ 수레, 선박 이용 주장	
☞ 남북국시대 용어 최초 언급	☞ 청과 통상 강조	
④ 이긍익	⑤ 정약용	
- 『연려실기술』	☞ 거중기, 배다리 제작	
☞ 기사본말체, 야사류 기록		
⑤ 한치윤		
- 『해동역사』		
☞ 기전체, 단군조선~고려		

72 조선 후기 경제 발달

① 농업 생산력 증대 : 모내기법 확대, 벼·보리 이모작, 광작 확대

② 타조법→ 도조법 : 지대변화, (**수확량** ½ → **수확량** ⅓)

　　　　　　　　　　　→ 타조법　　→ 도조법

③ 민영 수공업 발달 : 선대제 수공업, 독립적 민간 수공업자 등장

④ 광산 개발 활성화 : 잠채 성행, 금광, 은광 채굴 활발

⑤ 장시 활성화 : 보부상 활동

⑥ 포구 성장 : **객주**와 **여각**이 물품 매매 중개

⑦ 개시(공무역), 후시(사무역) 발달

⑧ 상평통보, 전국 유통 : 전황 발생

⑨ 상품작물 재배

⑩ 사상 성장(만상, 송상, 경강상인, 내상)

의주(만상) : 대청무역 주도

개성(송상) : 인삼 판매, 중계무역

서울(경강상인) : 운수업, 유통업

동래(내상) : 대일무역 주도

cf) 조선 후기 : 서민문화 발달(한글소설, 사설시조, 판소리, 탈춤, 민화)

73 곤여만국전도

- 1602년(선조 35년)에 마테오리치가 북경에서 제작
- 1708년(숙종 34년)에 모사한 세계지도
- 중국 중심 세계관에서 벗어남

74 조선 전기

① 윤리서 :『삼강행실도』,『이륜행실도』,『국조오례의』 편찬(유교 윤리 보급)

② 역사서

☞ 건국 초기(정도전『고려국사』)- 건국 정당성 확보

☞ 15C 중엽(『고려사』,『고려사절요』)- 고려사 자주적 재정리

☞ 16C(『동국사략』,『기자실기』)- 사림의 존화주의적 의식

③ 지도, 지리지

☞ 혼일강리역대국도지도(태종)

☞ 『팔도지리지』,『동국여지승람』(성종)

☞ 『신증동국여지승람』(중종)

75 성리학의 융성

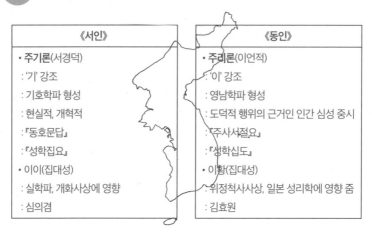

《서인》	《동인》
• **주기론**(서경덕)	• **주리론**(이언적)
: '기' 강조	: '이' 강조
: 기호학파 형성	: 영남학파 형성
: 현실적, 개혁적	: 도덕적 행위의 근거인 인간 심성 중시
: 『동호문답』	: 『주사서절요』
: 『성학집요』	: 『성학십도』
• 이이(집대성)	• 이황(집대성)
: 실학파, 개화사상에 영향	: 위정척사사상, 일본 성리학에 영향 줌
: 심의겸	: 김효원

★ **예학 발달**

☞ 지나친 형식 중시, 김장생에 의해 발전, 폐단 발생

★ **성리학 절대화**

☞ 성리학적 질서 절대 가치화, 송시열

★ **성리학 절대화에 반대**

☞ 윤휴, 박세당(사문난적으로 몰림)

★ **양명학**

☞ 성리학의 관념화에 반발(지행합일 강조)

☞ 정제두(강화학파 형성)

★ **고증학**

☞ 양명학에 반발, 청 학문

☞ 실학 토대(실사구시)

76 대마도(일본 쓰시마섬) 원정

① 고려 창왕(1389년) : 박위
② 조선 태조(1396년) : 김사형
③ 조선 세종(1419년) : 이종무

77 조선시대 사화(순서 암기!!)

① 무오사화(연산군 4년)   : 김종직 제거
② 갑자사화(연산군 10년)   : 폐비윤씨 사건
③ 기묘사화(중종)   : 조광조 제거
④ 을사사화(명종)   : 외척 다툼(윤임 ↔ 윤원형)

78 조광조 개혁 내용

① 현량과 실시(천거제)
② 소격서 폐지(도교 신앙 집행 관서)
③ 위훈 삭제
④ 사림 지지 바탕으로 도학 정치 실현 추구
⑤ 중종을 도와 유교 정치 이상향 실현 위한 개혁 정치

79 조선(지방 행정조직)

① 관찰사 : 수령 감찰
② 수령 : 모든 군현에 파견, 행정, 사법, 군사권 행사
③ 향리 : 수령 보좌, 세습적인 아전으로 격하(고려보다 지위 낮아짐)
④ 유향소 : 지방 여론 수렴, 백성 교화, 향촌 자치
⑤ 경재소 : 유향소와 정부 사이 연락 담당

80 조선(통신, 교통 제도)

• 봉수제, 조운제, 역참제

81 **조선(군역, 군사조직)**

① 군역 : 16세 이상 60세 미만 양인 남자

② 군사조직

☞ 중앙군-**궁궐과 한성 방어**, 5위

☞ 지방군-세조 이후(진관 체제 실시)

☞ 잡색군

→ 예비군(유사시 대비)

→ 서리, **신량역천**, 노비 소속됨(천민 ×, 상민 ○)

cf) 지방군

☞ <u>진관 체제</u> → <u>제승방략 체제</u> → <u>속오군 체제</u>

(전국방위망) (군사를 요충지에 집결) (노비 포함)

(선조) (선조 때 유성룡이 건의함)

82 임진왜란(순서!!)

① 도요토미 히데요시(전국시대 혼란 수습)
⇓
② 조선 침략(임진왜란)(1592년)
⇓
③ 선조가 의주로 피신
⇓
④ 명에 원군 요청
⇓
⑤ 수군 : **이순신**   의병 : **곽재우, 휴정, 유정**
⇓
⑥ 명의 지원군 파견(**평양성 탈환**)
⇓
⑦ 행주산성(권율)
⇓
⑧ 명과 일본의 휴전 회담(결렬)
⇓
⑨ 정유재란(1597년)
⇓
⑩ 수군 해전(명량해전)
⇓
⑪ 도요토미 히데요시 사망
⇓
⑫ 노량해전(이순신 전사)

83 조선시대 붕당 계보

동인	북인	- 광해군 때 집권
	남인	- 서인의 인조반정을 인정하면서 정치에 참여 - 효종 때 정치적 영향력 강화 - 현종, 숙종 때 서인과 대립
서인	노론	- 숙종 말기, 영조 때 재집권
	소론	- 반 노론의 정체성 강화 - 숙종~영조 때 일시적 정국 주도
	벽파	- 노론 강경파 - 사도세자 비판
	시파	- 소외된 노론+소론+남인(구성) - 사도세자 동정함

근현대사 자료 정리

01 연대별 주요 사건 정리

1866년
- 병인박해, 제너럴 셔먼호 사건
- 병인양요 → 문수산성(한성근)
  - 정족산성(양헌수)
  - → 외규장각 도서 약탈

1868년
- 오페르트 도굴 사건(남연군 묘 도굴)

1871년
- 신미양요 : 광성보 전투(어재연 전사)
- 전국에 척화비 건립

1875년
- 운요호 사건

1876년
- 강화도 조약 체결
- → 최초의 근대적 불평등 조약
- → 3개 항구 개항, 해안 측량권, 영사재판권 규정
- 조·일 수호 조규 부록(일본 화폐 허용)
- 조·일 무역 규칙(양곡 자유로운 유출, 무관세 무역)

1881년
- 별기군 설치

1882년

- 조·미 수호 통상 조약 체결
  - →『조선책략』유포, 청의 알선으로 체결
  - → 관세 규정, 거중 조정, 최혜국 대우, 치외법권 허용
- 조·청 상민 수륙 무역 장정 체결
  - → 청 상인의 서울 진출 허용
  - → 치외법권 인정
- 임오군란
  - → 제물포 조약 체결

1883년

- 조·영 수호 통상 조약
  - → 외국 상인의 내륙 진출 허용, 최혜국 대우, 치외법권
- 조·독 수호 통상 조약
  - → 외국 상인의 내륙 진출 허용, 최혜국 대우, 치외법권
- 조·일 통상 장정 개정
  - → 관세 설정, 방곡령 선포 가능, 일본 최혜국 대우 허용

1884년

- 조·러 수호 통상 조약
  - → 최혜국 대우, 치외법권 허용
- 갑신정변
  - → 조선 ↔ 일본(한성 조약), 일본 ↔ 청(톈진 조약)
  - → 김옥균 주도
  - → 일본 메이지 유신 본뜸

→ 개혁정강 14개조

1885년

• 거문도 사건

→ 러시아 남하에 대비해 영국군 주둔

→ 직후에 조선의 중립화론 대두(부들러, 유길준)

1886년

• 조·프 수호 통상 조약 → 최혜국 대우, 치외법권

• 프랑스 천주교 포교 인정함

1889년

• 방곡령 사건

→ 1차 방곡령 사건 : 황해도 관찰사 조병철이 실시(1889년 5월)

→ 2차 방곡령 사건 : 함경도 관찰사 조병식이 실시(1889년 10월)

→ 3차 방곡령 사건 : 황해도 관찰사 오준영이 실시(1890년 2월)

1894년

• 갑오개혁

→ 1차 : 군국기무처 설치, 신분제 폐지

→ 2차 : 홍범 14조 발표

• 동학

→ 폐정개혁안, 집강소 설치

• 청·일전쟁

→ 일본 승리, 청 ↔ 일본(시모노세키 조약 체결, 랴오뚱 반도 할양)

1895년

• 을미사변 → 명성황후 시해

- 단발령 실시
- 을미의병 → 최익현
- 을미개혁 → 김홍집 내각 설립
  - → 단발령 실시, 태양력 사용, 종두법 시행, '건양' 연호 제정
  - → 우편 사무 재개, 소학교 설치, 교육입국조서 반포(2/2)

1896년

- 아관파천(고종이 러시아로 피신)
- 독립협회 활동(서재필 주도)
  - ① 민중계몽 : 독립신문 발간, 독립문 건립, 강연회, 토론회 개최
  - ② 자주국권 : 만민공동회 개최, 러시아 절영도 조차 요구 철회
  - ③ 자유민권 : 의회식 중추원 관제 반포
    - **최초의 근대적 민중 집회**
    - **관·민공동회 개최**
    - 헌의 6조(의회정치 주장)

1897년

- 대한제국 설립
  - → 대한제국 선포(1897) : 황제 칭호, 광무(연호) 사용
  - → 대한국 국제 반포(1899) : 전제 군주제 표방, 황제권 무한함 강조
- 광무개혁(구본신참, 점진적 개혁 추진)
  - → **군사** : 원수부 설치, 시위대 설치, 무관학교 설립
  - → **경제** : 양전 사업 실시, **지계발급**, 상공업 진흥, 군대 시설 도입
  - → **사회** : 유학생 파견, 실업기술학교 설립(상공학교, 광무학교)
- 환구단에서 대한제국 즉위식 거행

• 러시아 절영도 조차 요구

1899년

• 대한국 국제 반포

 → 독립협회 해산 후 발표

  (고종이 황국협회와 군대를 동원해 독립협회를 강제 해산시킨 후

  전제 정치를 명문화함)

 → 전제 군주제 표방

 → 황제권의 무한함 강조

1904년

• 러·일 전쟁 발발

• 한·일 의정서(군사적 요충지 임의 사용 허락)

• 제1차 한·일 협약(= 고문정치)

 → 외교 : 스티븐스

 → 재정 : 메가타

• 보안회 활동(일제의 황무지 개간권 요구 저지)

1905년

• 열강 묵인

 → 가쓰라 태프트 비밀 협약(7월) : 미국 ↔ 일본

 → 제2차 영·일 동맹(8월)

 → 포츠머스 조약(9월) : 러·일전쟁 종결, 일본 한반도 지배권 확보

• 을사늑약(= 제2차 한·일 협약) : 11월

 → 외교권 박탈

 → 통감부 설치(이토 히로부미 초대 통감 부임)

- 헌정연구회
  → 입헌군주정 수립 통한 민권 확대 주장, 대중 계몽 운동 전개
- 메가타의 화폐 개혁
  → 백동화를 신화폐로 교환

1906년

- 대한자강회
  → 고종 강제 퇴위 반대 운동(일제에 의해 강제 해산됨)

1907년

- 정미7조약(= 한·일 신협약)
  → 차관정치
- 헤이그 특사 파견
- 고종 강제 퇴위
- 군대 해산(정미의병에 가담)
- 13도 창의군 결성
  → 이인영(총대장)
  → 서울 진공 작전 전개(실패함)
- 국채보상 운동(서상돈)
  → 대구에서 시작하여 전국적으로 확대(대한매일신보 노력)
- 신민회(안창호, 양기탁)
  → 비밀 결사 조직
  → 실력양성 운동+독립전쟁 추구
  → 공화정체 주장
  → 대성학교, 오산학교 설립

→ 태극서관, 자기회사 설립

→ 국외 독립운동 기지 건설

→ 신흥강습소 설립

→ 105인 사건으로 해산

1909년

• 일제의 남한 대토벌 작전

• 안중근의 이토히로부미 사살

• 기유각서(**사법권 박탈**)

1910년

• 한국 병합 조약(조선총독부 설치)

• 한·일 약정 각서 체결(**경찰권 박탈**)

02 일제 강점기(1910년~1945년)

1910년대	1920년대	1930년대	1937년	1940년대
무단통치 (=헌병경찰 통치)	문화통치 (=보통 경찰제 실시)	병참기지화 정책		민족말살 정책
• 토지조사 사업 → 동양척식 주식회사 • 조선총독부 설치 → 초대 통감 이토히 로부미 • 태형령 공포 → 즉결처분권 행사 • 어업령, 삼림령, 광 업령 제정 • 회사령 허가제 • 철도, 도로, 항만 건설 → 일본 상품 반입에 유리	• 산미증식 계획 • 문관 총독 임명된 적 없음 • 치안유지법 제정(1925년) → 독립운동, 사회주의 운동 탄압 • 한글 신문 발행 허용 → 검열 강화 • 교육 기회 확대 표방 → 고등교육은 제한 • 자치허용, 지방자치제 실시 → 실권 없는 '도평의회', '부면 협의회' 설치 • 회사령 신고제 → 일본기업 진출 용이 cf) 물산장려 운동(1923년) → 조만식, 평양 → '우리가 만든 것 우리가 쓰자' cf) 원산총파업(1929년) → 20년대 노동 운동 사상 최 대 규모의 조직적 투쟁 cf) 신간회 활동(1927년) → 민족주의+사회주의 → 근우회 cf) 광주 학생 항일 운동(1929년)	• 남면 북양정책 • 인적자원 수탈 → 징병, 징용, 정신대 • 물적자원 수탈 → 금속, 미곡 공출 cf) 브나로드 운동 (= '민중 속으로') (1931년~1934년) → 문맹 퇴치 운동 → 동아일보사 주관	중·일 전쟁	• 1938년 → 국가총동원법 제정 • 내선일체 강조 • 황국신민서사 암송 • 신사 참배 • 일본식 성명 강요 → 창씨개명 • 한국어 사용 금지

03 개혁안(주요 내용)

갑신정변(1884년)	동학(1894년)	갑오개혁(1894년)	독립협회(1896년)
개혁정강 14개조	폐정 개혁안	홍범 14조	헌의 6조
• 청에 대한 조공 폐지 • 문벌 폐지 • 지조법 개혁 • 재정은 **호조**에서 관할 • 의정부에 모여 정령 의결, 반포	• 탐관오리 징벌 • 노비문서 소각 • 7종 천인 차별 개선 • 지벌 타파, 인재 등용 • 토지는 균등히 나누어 경작	• 청에 의존 생각 버리고 자주독립 기초를 세운다 • 왕실사무, 국정사무 나누어라 • 조세 징수, 경비는 **탁지아문**에서 관할 • 지방 관리 직권 제한 • 문벌 가리지 않고 인재 등용	※ 의회식 중추원 관제 반포 • 전제황권을 견고히 할 것 • 외국과 조약은 대신과 중추원 의장이 합동 날인하여 시행할 것 • 재정은 **탁지부**에서 전관 • 중대범죄는 공판하되 피고 인권 존중할 것 • 칙임관 임명 시 다수 의견 따를 것 • 정해진 규칙을 실천할 것

04 흥선대원군 개혁정치

• 세도정치 타파, 정치 기강 재확립(왕권 강화)

• 비변사 폐지

• 의정부, 삼군부 기능 회복

• 대전회통, 육전조례(법전편찬)

• 경복궁 재건

　→ 원납전 징수, 당백전 발행, 노동력 강제 동원

• 서원 철폐(만동묘 포함해서 47개만 남김)

　　　　　└, 임진왜란 때 원군을 보낸 명나라 신종을 모신 사당

• 수취 체제 개혁

　→ 전정 : 양전사업 실시

　→ 군정 : 호포제 실시(양반에게 군포 징수)

　→ 환곡 : 사창제 실시(고을마다 자치적으로 곡식 마련)

　　　　　　　　(빈민 구휼 제도)

05 개화파의 분화(임오군란 계기로 분열)

	온건 개화파	급진 개화파
주요 인물	김홍집, 어윤중, 김윤식	김옥균, 박영효, 홍영식
개화 입장	• 동도서기론 바탕 • 청의 양무 운동 모델 • 점진적 개혁	• 문명개화론 바탕 • 일본 메이지 유신 모델 • 급진적 개혁

06 개화정책 추진(1880년대)

• 통리기무아문 설치(아래에 12사 설치)
• 5군영 → 무위영, 장어영으로 개편
• 별기군 설치
• 사절단 파견
  → 일본　　- 수신사, 조사시찰단
  → 청　　　- 영선사
  → 미국　　- 보빙사
• 근대시설 설치
  → 기기창 : 무기 제조 공장
  → 박문국 : 한성순보 발간
  → 우정국

위정척사 운동(반외세, 반침략)

1860년대 ex) 1866년 : 병인박해	이항로, 기정진(척화주전론)(통상 반대)
1870년대 ex) 1876년 : 강화도조약	최익현(왜양일체론)(개항불가론)
1880년대 ex) 1884년 : 갑신정변	이만손, 홍재학(개화 반대)(『조선책략』 유포)
1890년대 ex) 1895년 : 을미사변	이소응, 유인석(항일 의병 운동 전개)

08 근대교육

① 원산학사(1883, 최초의 근대식 학교)

② 동문학(1883, 최초로 외국어 교육)

③ 육영공원(1886, 근대학문교육)

④ 교육입국조서 반포(1895)

  → 관립학교(소학교, 외국어학교, 사범학교) 설립

⑤ 사립학교

  → **오산학교, 대성학교**(신민회 활동, 안창호)

⑥ 국학 연구

  → **국어** : 국문연구소 활동(주시경)

  → **역사** : 계몽사학, 신채호, 박은식

09 종교계

① 천주교(계몽 활동)
② 개신교(의료, 교육)
③ 천도교(교육, 만세보 발행)
④ 대종교(단군신앙, 국외 독립운동)
⑤ 유교(유교 구신론)
  → 박은식 주장
⑥ 불교(불교 유신론)
⑦ 원불교(저축 강조, 박중빈)

10 경제적 구국 운동 전개

① 객주, 여각 등이 상회사 설립(대동상회, 장통상회)
② 방곡령 실시(1889년) : (조병철), (조병식), (오준영)
③ 황국 중앙 총상회 조직(1898년) : 독립협회 지원 받음
④ 독립협회 이권 수호 운동
  → 러시아 절영도 조차 요구 저지
    - 1차 요구 : 1889년
    - 2차 요구 : 1897년
  → 한 · 러 은행 폐쇄(1898년)

⑤ 황무지 개간권 요구 저지

  → 보안회(1904년)

  → 농광회사 설립(토지개발회사, 민간+정부 주도)

⑥ 국채보상 운동(1907년)

  → 서상돈, 대구에서 조직, 전국적으로 확대

cf) 혜상공국

  → 1883년 설치된 보부상 전담 기구(1885년 '상리국'으로 개칭됨)

⑪ 조선의 천주교 박해 사건

① 신해박해 : 정조 15년

② 신유박해 : 순조 1년

③ 기해박해 : 헌종 5년

④ 병오박해 : 헌종 12년

⑤ 병인박해 : 고종 3년

  → 흥선대원군 초기 : 천주교에 우호적

                    (프랑스와 동맹 맺고 러시아 견제하려 함)

12 근대 문물 도입

① **통신** : 통신, 전화, 우편 시행(우정총국 설치, 1884년)

② **교통** : 전차 부설(1899년)

　　　　　철도 부설 → 경인선 : 우리나라 최초 철도(1899년)

　　　　　　　　　　　→ 경부선 : 1901년~1904년

　　　　　　　　　　　→ 경의선 : 1905년

③ **전기** : 한성 전기회사 설립(1898년)

④ **의료** : 광혜원(1885년)

　→ 최초의 근대식 병원(설립 건의 : 알렌)

　→ 고종이 '제중원'으로 이름 바꿈

　→ 세브란스 병원으로 성장(1904년)

　　종두법 시행

　→ 정약용의 『마과회통』에서 최초 소개

　→ 지석영 도입

　→ 1896년 을미개혁

13 개항 이후 국어 연구

① 조선어 연구회(1921년) : 가갸날 제정
② 조선어 학회(1931) : 한글 맞춤법 통일안 제정(1933년)
cf) 조선사 편수회
  → 친일단체
  → 1925년 조선사 편찬 위원회에서 '조선사 편수회'로 개칭

14 개항 이후 사학 연구

① 민족주의 사학
• 신채호
『독사신론』, 『을지문덕전』, 『이순신전』, 『조선혁명선언문』
『조선상고사』, 『조선사연구초』
• 박은식
『한국통사』, 『한국독립운동지혈사』, 『안중근전』
『대동민족사』, 『유교구신론』 ☞ **혼 강조**
• 정인보
『여유당전서』, 『조선사연구』 ☞ **얼 강조**
② 사회경제 사학
• 백남운
『조선사회 경제사』 ☞ **정체성론 주장**

③ 실증주의 사학

　→ 유물사관, 민족주의 사관 거부

　→ 진단학회 조직

　→ 이병도, 이상백, 이윤재

④ 신민족주의 사학

　→ 민족주의+사회경제사학 연구, '화합'

　→ 안재홍, 손진태, 이인영, 홍이섭

15 1890년대 주요 개혁

갑오개혁(1894년)	을미개혁(1895년)	광무개혁(1897년)
★ 1차 개혁 - 군국기무처 설치 - '개국' 연호 사용 - 신분제, 과거제 폐지 - 재정 일원화(=탁지아문) - 6조 → 8아문 ★ 2차 개혁 - 김홍집, 박영효 내각 - 홍범 14조 발표 - 지방관 권한 축소 - 재판소 설치 - 근대적 교육 제도 마련	★ 과정 • 삼국간섭 → 을미사변 → 김 　홍집 내각 설립 cf) 삼국간섭(1895년) → 러시아의 주도로 독일, 프랑 　스가 공동 간섭해 일본이 랴 　오둥 반도를 청에 반환함 ★ 내용 - 단발령 실시 - 태양력 사용 - 종두법 시행 - 우편사무 재개 - '건양' 연호 제정 - 소학교 설치	★ 원칙 구본신참, 점진적 개혁 추진 ★ 내용 • 군사 → 원수부 설치 → 무관학교 설립 • 경제 → 양전 사업 실시 → 지계 발급 → 식산흥업정책(상공업진흥) → 근대시설 도입 • 사회 → 유학생 파견 → 실업기술학교 설립(상공학 　교, 광무학교)

16 동학 농민 운동(1894년)

① 의의
- 반봉건, 반침략 운동
- 항일 의병 운동으로 계승

② 전개

교조 신원 운동 : 삼례집회, 보은집회(1893년)

⇓

고부 농민 봉기 : 고부군수 조병갑 횡포가 원인

⇓

제1차 농민 봉기
- 황토현, 황룡촌 전투 승리
- 전주성 점령

⇓

전주화약, 집강소 설치
- 정부, 농민 화해 후 해산
- 폐정개혁안 실천 위해 집강소 설치

⇓

제2차 농민 봉기
- 일본군 경복궁 점령(내정간섭이 원인)
- 남·북접 세력 논산 집결
- 우금치 전투에서 패배

17 애국 계몽 단체 활동

① 보안회(1904년) : 일제의 황무지 개간권 요구 저지
② 헌정 연구회(1905년) : 입헌 군주정 수립 통한 민권 확대 주장
③ 대한자강회(1906년) : 고종 강제 퇴위 반대 운동
　　　　　　　　　　　　(일제에 의해 강제 해산)
④ 신민회(1907년)
　- 비밀 결사 조직(안창호, 양기탁)
　- 공화정체 주장
　- 대성학교, 오산학교, 태극서관, 자기회사, 신흥강습소 설립
　- 105인 사건으로 해체

18 항일의병

① 을미의병(1895년)
　- 을미사변, 단발령이 원인
　- 고종의 해산 권고로 자진 해산(일부 의병은 활빈당 조직)
② 을사의병(1905년)
　- 을사늑약 체결에 반발
　- 평민 의병장 신돌석 등장

③ 정미의병(1907년)
- 고종 강제 퇴위, 군대 해산에 반발
- 13도 창의군(서울 진공 작전 추진) : **총대장 이인영**
④ 호남의병(1907년)
- 서울 진공 작전 실패 후 호남 지역에서 활동
- 일제의 남한 대토벌 작전으로 세력 약화

19 간도와 독도

① 간도
- 19C 토문강 해석 문제로 영유권 발생
   (숙종 때 설치한 백두산 정계비 내용)
- 대한제국이 **이범윤(간도관리사)**을 파견하고 함경도 행정 구역으로 편입
- 이후 **간도협약** 체결(1909년)
   └, **청 → 일본**(만주 철도 부설권 줌)
      일본 → 청(간도를 청 영토로 인정해 줌)
② 독도
- 대한제국이 울릉도를 군으로 승격시킴
- **러·일 전쟁 중** 일제가 시마네현에 강제 편입시킴
- 숙종 때 안용복 보냄(울릉도, 독도가 조선 영토임을 확인받음)

20 근대 문화 발달-신문 간행

① 한성순보(1883년) : 최초 신문(순한문)
② 독립신문(1896년) : 최초 민간 신문(한글판, 영문판)
③ 제국신문(1898년) : 일반 서민, 부녀자 대상(순한글)
④ 황성신문(1898년) : 장지연의 '시일야방성대곡' 게재(국한문 혼용)
⑤ 대한매일신보(1904년) : 국채 보상 운동 주도
　　　　　　　　　　　　　　베델, 양기탁 발행

21 근대 전쟁

① 1894년 : 청·일전쟁
② 1904년 : 러·일전쟁
③ 1937년 : 중·일전쟁
④ 1941년 12월 7일~1945년 9월 2일 : 태평양전쟁
⑤ 1945년 8월 6일 : 히로시마 원폭 투하
⑥ 1950년 : 6·25 전쟁

22 항일 운동(1900년대)

★ <u>오적 암살단</u> : 나철(대종교), 오기호
★ <u>이완용 처단 실패</u> : 이재명
★ <u>스티븐스 사살</u> : 장인환, 전명운
★ <u>이토히로부미 사살</u> : 안중근
★ <u>신민회</u>
  - 안창호, 양기탁
  - 대성학교, 오산학교 설립
  - 태극서관, 자기회사 설립
  - 신흥무관학교 설립
★ <u>대한인 국민회</u>
  - 미국에서 조직된 독립운동단체
  - 1909년 국민회 조직
  - 1910년 대동보국회가 국민회에 흡수되어 '**대한인 국민회**'가 출범됨
  - 스티븐스 저격 계기로 결성
  - 박용만, 이승만, 안창호

23 항일 운동(1910년대)

★ 권업회(1911년)
 - 러시아 블라디보스토크 신한촌에서 조직된 항일 독립운동 단체
★ 독립의군부(1912년)
 - 임병찬
 - 고종 밀지 받음 → 복벽주의 주장
★ 대한 광복군 정부(1914년)
 - 러시아 블라디보스토크에서 **권업회**를 이끈 이상설 주도로 조직된
   망명정부
★ 대조선 국민군단(1914년)
 - 박용만 주도
 - 하와이에 설립된 군사 교육 단체
★ 대한 광복회(1915년)
 - 대구에서 결성
 - 공화제 실현이 목표
 - 박상진
 - 만주에 무관학교 설립(= 군대식 조직)
★ 조선 국민회(1917년)
 - 평양에서 결성된 항일 비밀 결사 조직(숭실학교 주도)
★ 대한 국민회(1919년)
 - 대한민국 임시정부와 연계해 평양에서 조직

★ 의열단(1919년)

 - 만주에서 김원봉 등이 조직한 항일 무력 독립운동 단체

 - 신채호가 조선 혁명 선언문을 적음

 - 폭탄 투척

   → 종로 경찰서 폭탄 투척(김상옥)

   → 부산 경찰서 폭탄 투척(박재혁)

   → 조선 총독부 폭탄 투척(김익상)

   → 동양 척식 주식 회사 폭탄 투척(나석주)

   → 도쿄 궁성 폭탄 투척(김지섭)

★ 대한 국민 의회(1919년)

 - 러시아 블라디보스토크에 건립한 임시정부 성격 단체

 - 손병희를 대통령으로 선임

24 1910년대(국외 항일 운동)

① 남만주(서간도) 순서

• 경학사 조직 : 1911년

• 신흥강습소

 - 1911년 이회영, 이동녕이 설립

 - 1919년 신흥무관 학교로 발전(= 독립군 양성)

• 삼원보 : 1912년 이시영, 이상룡 등이 간도에 설치한 기관

② 북만주(북간도) 순서

• 서전서숙

 - 1906년 설립된 한국 최초의 신학문 민족 교육 기관

 - 이상설, 이동녕 등 설립

• 명동학교 : 1908년 김약연이 설립한 민족 교육 기관

• 중광단

 - 1911년 대종교단에 의해 설립된 무장단체

• 간민회

 - 1913년 김약연이 조직한 한국인 자치단체

 - 문화 계몽 운동과 민족 자치 운동 벌임

③ 연해주

• 신한촌 건설(1911년 한인 집단 거주지)

• 권업회 결성(1911년)

• 대한 광복군 정부 조직(1914년)

• 대한 국민 의회(1919년)

④ 미주

• 대한인 국민회 조직(1910년)

• 신한 민보 발행

• 대조선 국민군단 결성(1914년, 박용만 주도)

⑤ 멕시코 → 숭무학교 조직

25 항일 운동(1920년대)

① 봉오동 전투(1920년 6월) : 홍범도, 대한독립군

② 청산리 대첩(1920년 10월) : 김좌진, 북로군정서군

③ 간도 참변(1920년) : 한인 마을 방화 및 동포 학살

④ 자유시 참변(1921년)

　만주 지역 독립군 부대가 밀산부로 집결

　　　⇓

　대한독립군단 조직

　　　⇓

　대한독립군단이 러시아령 자유시로 이동

　　　⇓

　러시아 적군에 의해 독립군 수백 명 희생

⑤ 3부 성립(참의부, 신민부, 정의부) : 행정, 입법, 사법 조직을 구성한

　자치 정부

　cf) 3부 - 참의부 : 1923년(임시정부 직할부대)

　　　　 - 신민부 : 1924년(북만주)

　　　　 - 정의부 : 1925년(남만주)

⑥ 미쓰야 협정 체결(1925년)

　- 만주의 한국 독립군 근절을 위해 조선 총독부 경무국장 미쓰야와 중

　국 둥산성 지배자 장쮜린이 체결한 협약

⑦ 3부 통합(1929년)

　- 남만주(국민부), 북만주(혁신의회)로 재편함

26 항일 운동(1930년대) 순서

- 한국독립당
- 1930년경 중국 상하이에서 임시정부 요인들이 창당한 **민족주의 보수정당**(한국국민당+한국독립당+조선혁명당)
- 김구 주석으로 선출
- 한인애국단
- 1931년 김구가 상하이에서 조직
- 이봉창(일본 국왕 마차), 윤봉길(홍커우 공원) → 폭탄 투척
- 중국 국민당 정부의 한국 독립운동 지원 계기
- **한·중 연합작전**
  ① 한국독립군(지청천)+중국호로군 ★ 쌍성보, 대전자령 **전투(혁신의회가 지휘)**
  ② 조선혁명군(양세봉)+중국의용군 ★ 영릉가, 홍경성 **전투(국민부가 지휘)**
- **항일 유격 투쟁**
  중국 공산당+만주 지역 항일 유격대를 규합해
  동북 인민 혁명군 편성

  동북 항일 연군으로 개편

  조국 광복회 조직(1936년)
  → 항일 유격대 중심
  → ★ **보천보 전투 승리**(1937년)

- 민족혁명당 결성
  - 한국 독립당(조소앙)+의열단(김원봉)+조선혁명당(지청천)
  - 중·일전쟁 이후 조선 민족 전선 연맹 결성 → **조선의용대 창설**
    (1938년)
- 조선의용대
  - 화북 지대에서 결성, 1938년 김원봉이 창설
  - **★ 호가장 전투, ★ 반소탕전 참가**
  - **화북지대는 조선의용군에, 일부는 한국광복군에 흡수**

27 항일운동(1940년대)

① 대한민국 임시정부 활동
- 독립신문 **발행**
- 연통제 조직(비밀 연락망)
- 파리 강화 회의에 김규식 파견(1919년)
- 구미위원부 설치(이승만) : (1919년)
- **『한·일관계사료집』 간행**
- **한국 광복군 조직(1940년) 순서**
  - 김구 등이 충칭에서 창설한 대한민국 임시정부의 무장 독립군
  - **국내 진공 작전 계획(무산됨)**
  - **총사령관**(지청천)

- 참모장(이범석)
• 건국 강령 발표(1941년)
- 조소앙의 삼균주의(**정치, 경제, 교육**) 기반으로 함
- 보통선거 통한 민주공화국 건설
- 산업시설의 국유화
- 의무교육 실시
② 조선 독립 동맹(1942년)
- **화북** 조선 청년 연합회를 개편하여 결성된 **사회주의 단체**
- 광복 후에 공산 혁명 세력과 결합함
- 1946년 **남조선 신민당**(백남운)과 **북조선 신민당**(김두봉, 김무정)으로 분열
- 산하 부대로 **조선의용군** 조직
③ 조선 건국 동맹(1944년)
- 여운형이 조직한 비밀 독립운동 단체
- '불문', '불언', '불명' 3대 원칙 세움
- 1945년 조선 인민당이 결성되면서 해체됨
- 국내의 사회주의자들이 세움
- **조선의용군**과 협동 작전 계획함

28 국제 사회 움직임(한국의 독립 약속)

① 카이로 회담(1943년) : 최초로 한국의 독립 문제 논의

⇊

② 얄타 회담(1945년)   : 한반도 신탁 통치 논의

⇊

③ 포츠담 회담(1945년) : 카이로 선언 이행

　　　　　　　　　　　　한국 독립 재확인

29 용어 혼동 주의!!

① 1910년대 : ★ 대한 광복군
 - 1914년 블라디보스토크에 세운 망명 정부
② 1920년대 : ★ 대한 독립군
 - 1920년 봉오동 전투(홍범도)
③ 1930년대 : ★ 한국 독립군
 - 1932년 쌍성보, 대전자령 전투(지청천)
④ 1940년대 : ★ 한국 광복군
 - 1941년 대한민국 임시정부가 조직

30 대한민국 정부 수립 과정(순서에 주의!!)

① 카이로 회담(최초로 한국 독립 문제 논의) : 1943년

⇩

② 얄타 회담(한반도 신탁 통치 논의) : 1945년

⇩

③ 포츠담 회담(한국 독립 재확인) : 1945년

⇩

④ 건국 준비 위원회(여운형 중심, 조선인민공화국 수립) : 1945년 8월 15일

⇩

⑤ 모스크바 삼국 외상 회의(최대 5년간 신탁 통치 결의) : 1945년 12월

⇩   cf) 김구 중심 반탁 운동 시작 : 1945년 12월 29일

⑥ 제1차 미·소 공동위원회

⇩   - 덕수궁 석조전에서 회의 : 1946년 3월

- 소련 : 반탁 단체 제외 주장

- 미국 : 모든 정치 단체 포함 주장

⑦ 이승만 정읍 발언(남한만 단독 수립 주장) : 1946년 6월

⇩

⑧ 좌우 합작 위원회(김규식, 여운형)

⇩   - (위원장 : 김규식) : 1946년 7월

- 목표 : 통일 임시 정부 수립

- 좌우 합작 7원칙(=토지 유상 매입, 무상 분배 등) 발표 : 1946년 10월 7일

⑨ 제2차 미·소 공동위원회(협의 대상 둘러싸고 대립하다 결렬) : 1947
　년 8월

　　　⇓　　cf) 여운형 암살됨 : 1947년 7월 19일

⑩ UN(유엔) 총선 결정(미국이 한국 독립 문제를 UN에 상정) : 1947년 9월
　　　⇓

⑪ UN 한국 임시위원회 환영회 : 1948년 1월 14일(북한 입국은 거부당함)

　　　⇓　　cf) 1948년 4월 : 김구, 김규식 평양 방문(김일성 면담 실패)

⑫ 5·10 총선거 : 1948년 5월 10일
　　　⇓

⑬ 헌법 공포(제헌 국회 구성) : 1948년 7월 17일
　　　⇓

⑭ 대한 민국 임시 정부 수립 : 1948년 8월 15일
　　　⇓

⑮ 반민족 행위 처벌법 제정(= 반민특위 구성) : 1948년 9월
　　　⇓

⑯ 북한 정부 수립 : **1948년 9월 9일**

　　　⇓　　- 조선민주주의 인민공화국 수립

　　　　　- 친일파 처단

　　　　　- 토지 개혁 : 무상몰수, 무상분배 단행

　　　⇓

⑰ 농지 개혁법 제정 : **1949년**

　　　⇓　　- 유상매입, 유상분배

⑱ 6·25 전쟁 : 1950년 6월 25일

6·25 전쟁(전개 과정)

북한 남침(1950년 6월 25일)

서울 함락, 낙동강 전선 형성

UN군 투입

인천 상륙 작전

국군의 압록강까지 진격

중국군 개입

1·4 후퇴, 서울 재함락

휴전 회담 진행

거제도 반공 포로 석방(이승만 정부가 휴전 회담을 방해하기 위해 포로 석방)

휴전 협정

32 정부 수립을 둘러싼 갈등

① 제주 4·3 사건(1948년 4월 3일)
- 1947년 3·1 운동 기념 평화 시위대의 어린이가 경찰이 타고 가던 말에 크게 다침

- 시위대가 경찰서 앞에서 항의 시위를 벌였는데 경찰이 민간인을 향해 발포

- 제주에 대규모 총파업 일어남(= 민심이 흉흉해짐)

- 1948년 4월 3일 한라산에 숨어 있던 남로당(=남조선 노동당)이 경찰서 습격하고 무장봉기 일으킴

- 미군과 한국군이 제주도 민간인을 전부 빨갱이로 규정하고 학살함 (작전명 : '초토화 작전')
  → 제주의 좌익 세력이 단독정부 수립에 반대하여 일으킨 무장봉기

② 여수, 순천 10·19 사건(1948년 10월 19일)
- 제주 4·3 사건 진압에 동원된 여수 군대 내 좌익 세력이 반발하여 일으킨 무장봉기
- 강력한 토벌 작전을 전개해 많은 민간인 학살됨
- 「국가보안법」 제정해 국민 통제하고 억압하는 반공 체제 구축함

33 대한민국 민주주의 발전(대통령 업적)

① 이승만

 - 임기 : 1948년 7/24~1960년 4/27

 - 여수, 순천 10 · 19 사건 **진압**(1948년 10/19)

   ㄴ (제주 4 · 3 사건 진압 반대)

 - 제헌헌법 개정(1948년)

 - 국가보안법 제정(1948년 12/1)

 - 반민족 행위 특별조사위원회 해체(1949년 10월에 완전 해체)

 - 발췌개헌(= 제1차 개헌) : 1952년

 → **대통령 직선제 개헌**

 - 사사오입 개헌(제2차 개헌) : 1954년

 → **초대 대통령에 한해** 중임 제한 철폐

 - 진보당 사건(1958년 7월) : **조봉암에게 간첩 혐의 씌워 사형시킴**

 - 경향신문 강제 폐간(1959년 4/30)

 - 3 · 15 부정선거(1960년 3/15)

 - 4 · 19 혁명(1960년 4/19) : 김주열 **열사 사망**

 - 대통령 하야 성명 발표(1960년 4/26)

② 허정 과도 정부

 - 1960년 4/27~1960년 6/15

   → 제2공화국이 등장하기 이전의 과도 정부

 - 제1공화국 헌법 개정

 - 내각 책임제 채택

③ 윤보선(장면 내각)
- 임기 : 1960년 8/13~1962년 3/24
- 대통령 : 윤보선
- 국무총리 : 장면
- 내각 책임제+양원제 국회
- 장면 내각 설립
- 부정 선거 관련자, 부정 축재자 처벌을 위한 소급 특별법 제정(1960년)
- 민주당 대거 당선, 자유당 몰락
- 민주당 내분 심화(3·15 부정선거, 부정 축재자 처벌에 소극적)

④ 박정희(순서 중요!!)
- 임기 : 1963년 12/17~1979년 10/26
- **1962년 5차 개헌 때 단원제 국회 구성**
- 5·16 군사정변(1962년) : **대통령 중심제 개헌, 군정 실시**
- 6·3 시위(= 6·3 항쟁) : 1964년 6/3 → **한일협상에 반대**
- 베트남 파병(1964년 9월~1973년 3월)
- 한일 협정 체결(1965년) : **한일 국교 정상화**
- 경인 고속도로 개통(1968년)
- 3선 개헌 반대 투쟁(1969년 6월~12월)
- 경부 고속도로 완공(1970년 7/7)
- 전태일 노동 운동가 분신자살(1970년 11월)
- 남북적십자 회담(1971년 9월!!)
- 7·4 남북공동성명 발표(1972년 7월!!)

→ 자주, 평화, 민족 대단결(3원칙에 합의)

→ 실행에 옮기기 위해 **남북조절위원회** 설치함(성과는 없음)

- 유신헌법 선포(1972년 10월!!)

- 6·23 평화통일선언(1973년)

→ 공산권 문호 개방, 남북한 유엔 동시 가입 등을 주요 내용으로
하는 한국 정부의 정책 선언

- 수출 100억불 달성(1977년) cf) 수출 1,000억불 달성은 김영삼 정부

- YH사건(1979년 8월 9일) : YH무역 여성 노동자 사망

- 부마 민주 항쟁(1979년 10/16) : 박정희 유신 독재 반대 운동

- 10·26 사태(1979년 10/26)

cf) 경제 개발 5개년 계획 → 1962년부터 1996년까지 7차에 걸친 경제
발전 계획

cf) 새마을 운동 → 근면, 자조, 협동 정신, '잘 살아보세' 구호를 바탕
으로 빈곤 퇴치, 지역 사회 개발을 위해 1970년부터 전개된 운동

⑤ 전두환

- 임기 : 1981년 3/3~1987년 6/29

- 1980년 9/1 대통령에 당선 : 대통령 간선제(임기 7년 단임)

- 중앙정보 부장 재직 시

→ 5·17 비상계엄 전국 확대 조치를 발동하고

→ 5·18 광주 민주화 운동을 진압함(1980년)

- 삼청 교육대 창설(1980년 8/4)

- 민족 화합 민족 통일 방안 발표(1982년 1/22)

→ 통일 문제에 UN 관여 배제하고, 민족 내부적 성격 강화함

- 프로야구 출범(1982년) : 전두환 첫 시구

- 남북 이산가족 상봉(1985년)

- 박종철 고문치사 사건 발생(1987년 1/14)

- 이한열 최루탄에 피격당함(1987년 6/9)

　→ 6·10 민주항쟁 도화선이 됨

- 6월 민주항쟁 발생(1987년 6/10)

- 권위주의적 통치체제

- 유화정책(야간통행 금지 해제, 교복과 두발 자율화, 해외여행 자율화)

cf) **3저호황(저금리, 저유가, 저달러)**으로 경제성장(1980년대)

⑥ 노태우

- 6·29 민주화 선언

　→ **민주정의당 노태우 후보가 발표한 특별 선언**

　→ 대통령 직선제 실시(임기 5년 단임)

　→ 1987년 6/29

- 1987년 12/16 대통령에 당선

- 임기 : 1988년 2/25~1993년 2/24

- 야당 분열로 당선, 여소야대 국회**(3당 합당)**

- 7·7 특별선언(1988년 7/7)

　→ 자주, 평화, 민주, 복지 원칙에 입각한 정책 추진 제시

- 88 서울 올림픽 개최(1988년 9/17~10/2)

- 5·18 민주화 운동 진상 규명 청문회 개최(1988년 12월)

- 한민족 공동체 통일 방안(1989년 9/11) : 제6공화국 통일 방안
- 남북한 유엔 동시 가입(1991년 9/18)
- 남북 기본 합의서 채택(1991년 12월)
  → 상호불가침, 남북한 교류 확대
  → 남북 정부 간 최초의 공식 합의서
- 한반도 비핵화 선언(1992년)
- 공산주의 국가와 수교(1992년) : 북방외교 추진
- 지방자치제 제한적 실시
  → 전면적 실시는 김영삼 정부

⑦ 김영삼
- 임기 : 1993년 2월~1998년 2월
- 최초의 민간 정부(= 문민정부)
- 고위 공직자 재산공개(1993년 6월)
- 금융실명제(1993년 8월)
- 수출 1,000억불 달성(1995년)
- 지방자치제 전면 실시(1995년 6월)
- 조선 총독부 철거(1995년 8월)
- 전두환, 노태우 내란 혐의로 구속(1996년 1월)
- OECD(경제협력개발기구) 가입 : (1996년 12월)
- 외환위기 발생(1997년) : IMF(국제금융기구)

⑧ 김대중
  - 임기 :1998년 2/25~2003년 2/24
  - 외환위기 극복(금 모으기 운동)
  - **햇볕정책(대북 화해 협력 정책)**
  - 최초 선거를 통한 여야 정권 교체
  - 금강산 관광 개발, 개성공단 설립(1998년)
  - 국민 기초 생활 보장법 제정(1999년 9/7)
  - 제주 4·3 사건 진상조사 특별법 통과(1999년 12월)
  - ★ 남북정상회담 1차(= 6·15 남북공동선언) : 2000년 6/15
  - 개성공단 건설 ★합의★(2000년 8월)
    cf) 착공, 완공은 노무현
  - 여성부 신설(2001년) : 성차별 극복 노력

⑨ 노무현
  - 임기 : 2003년 2/25~2008년 2/24
  - 제주 4·3 사건 공식 사과(2003년 4월)
  - 개성공단 착공(2003년 6월)
  - **행정수도 건설 특별법 통과(2003년 12월) : 행정권 수도의 충청권 이전**
  - 개성공단 완공(2004년 12/15)
  - 한미 FTA 체결(2005년) : (FTA= 자유 무역 협정)
  - 제2차 남북정상 회담(2007년 10/2~10/4)
  - 정경유착 단절
  - 권위주의 청산 추구

⑩ 이명박
 - 임기 : 2008년 2/25~2013년 2/24
 - G20 정상회담 개최 : 아시아 최초 서울에서 개최(2010년 11월)
 - 친환경 녹색성장
 - 4대강 살리기 사업(= 4대강 사업 추진)
 - 언론의 자유 위축

34 FTA(자유무역 협정)

체결　→　타결(= 준비)　→　비준(= 국회 허락, 동의)　→　발효
2005년　　　2009년　　　　　　2010년 7월　　　　　　2010년~2011년
(노무현)　　(이명박)　　　　　　(이명박)　　　　　　　(이명박)

참고 1)
- FTA 추가 체결 : 2012년(이명박)
- FTA 개정 합의 : 2019년(문재인)

참고 2)
- 개성공단 건설 합의 : ★김대중★
- 개성공단 건설 착공, 완공 : ★노무현★

한국사 족집게
구석기 시대부터 근현대사까지

© 정윤담, 2024

초판 1쇄 발행 2024년 9월 20일

지은이　정윤담
펴낸이　이기봉
편집　　좋은땅 편집팀
펴낸곳　도서출판 좋은땅
주소　　서울특별시 마포구 양화로12길 26 지월드빌딩 (서교동 395-7)
전화　　02)374-8616~7
팩스　　02)374-8614
이메일　gworldbook@naver.com
홈페이지 www.g-world.co.kr

ISBN　979-11-388-3442-1 (13910)